AS TIME FLOWS
IN
NEW YORK
CITY

纽约流水

Kevin Ge
葛文潮 著

壹嘉出版

壹嘉出版
1 Plus Books
http://1plusbooks.com

作者：葛文潮 / Kevin Ge
书名：纽约流水 / As Time Flows in New York City
Copyright © 2023 by 葛文潮 / Kevin Ge

2023 1 Plus Books® 壹嘉出版®
Paperback Edition
Published and Printed in the United States of America

ISBN: 978-1-949736-65-6
All rights reserved, including the right to reproduce this book or protion thereof in any form whatsoever.

出版人：刘雁
封面设计：王烨
定价：$20.99
San Francisco, USA, 2023
http://1plusbooks.com

作者简介

葛文潮,生性散漫,好美食好游历,好新奇事物,读书不求甚解,曾以纽约公爵名活跃于新浪博客。在《美食与生活》《上海采风》《看世界》等杂志撰写多元文化体验,小说曾刊登于《青年作家》。出版散文集《大爱无痕》《和风美景》。现任纽约七堂7s Art总裁,纽约古琴研究会副会长。

CONTENTS
目录

自序 · 001

纽约流水

2007年

7月1日 · 003

7月6日 · 006

7月9日 · 008

8月2日 · 011

8月9日 · 014

8月18日 · 016

8月26日 · 018

8月28日 · 020

8月31日 · 023

9月24日 · 026

029 ·　　　　9月30日

034 ·　　　　10月7日

037 ·　　　　10月15日

039 ·　　　　11月16日

041 ·　　　　11月21日

043 ·　　　　12月14日

纽约流水

2008年

045 ·　　　　1月10日

048 ·　　　　1月11日

050 ·　　　　1月12日

053 ·　　　　1月14日

055 ·　　　　1月18日

057 ·　　　　1月19日

061 ·　　　　2月12日

065 ·　　　　2月14日

067 ·　　　　3月24日

070 ·　　　　4月28日

072 ·　　　　5月3日

074 ·　　　　5月26日

077 ·　　　　7月5日

7月9日	·079
7月13日	·081
7月16日	·082
7月28日	·084
8月4日	·087
8月15日	·090
9月15日	·093
9月25日	·095
10月14日	·097
11月5日	·099
11月11日	·101
11月23日	·103

纽约流水

2009年

1月5日	·106
1月12日	·109
2月24日	·113
3月2日	·116
3月19日	·118
6月29日	·120
7月6日	·122

纽约流水
2010年

- *125* · 8月15日
- *128* · 10月3日

疫情中的纽约流水
2020年

- *130* · 3月7日
- *132* · 3月8日
- *135* · 3月9日
- *137* · 3月15日
- *139* · 3月17日
- *142* · 3月22日
- *144* · 3月23日
- *146* · 3月24日
- *149* · 3月25日
- *151* · 3月26日
- *153* · 3月27日
- *157* · 3月28日
- *159* · 3月29日
- *161* · 3月30日
- *163* · 3月31日

4月1日	・165
4月2日	・167
4月3日	・169
4月4日	・171
4月5日	・173
4月6日	・175
4月7日	・177
4月8日	・179
4月9日	・181
4月10日	・183
4月11日	・185
4月12日	・187
4月13日	・189
4月14日	・191
4月15日	・193
4月16日	・195
4月17日	・197
4月18日	・199
4月19日	・201
4月20日	・203
4月21日	・205

207·	4月22日
209·	4月23日
211·	4月24日
213·	4月25日
215·	4月26日
217·	4月27日
219·	4月28日
221·	4月29日
223·	4月30日
225·	5月1日
228·	5月2日
231·	5月3日
233·	5月4日
235·	5月5日
237·	5月6日
239·	5月7日
241·	5月8日
243·	5月9日
245·	5月10日
247·	5月11日
249·	5月12日

5月13日	· 251
5月14日	· 252
5月15日	· 254
5月16日	· 255
5月17日	· 257
5月18日	· 259
5月19日	· 260
5月20日	· 262
5月21日	· 264
5月22日	· 267
5月23日	· 269
5月24日	· 271
5月25日	· 273

纽约的夏天
2020年

5月30日	· 276
6月1日	· 278
6月7日	· 280
6月12日	· 282
6月23日	· 283
黑胶唱片　代跋	· 285

纽约流水

自序

> 晴空悬日远，野渡羁舟偏
>
> 芦苇迎风摆，寒鸭掠岸翩
>
> 昆仑冰融水，藏地流成泉
>
> 一泻出峡谷，千转入海眠

（夜抚流水，豁然开朗，琴韵自得，心际澄明，醍醐之味，虽南面王不易也。）

有一年在宾州德拉瓦河畔，夜半月明，河水潺潺，芦苇在晚风中摇曳，月亮在水波中荡漾。一边听着流水声，一边抚琴曲流水，现实和意象的重叠，产生出别样的况味，于是写了这首诗。

那个时候写了一阵的"纽约流水"已经不再写，如果不是2019年爆发的新冠病毒疫情，纽约流水不知道还会不会续写。

中国有句古话"大疫三年"，21世纪最大之疫莫过于新冠病毒。新冠病毒几乎扫遍了全球每一个角落，几乎每个人都感染过，据最近哈佛、耶鲁、斯坦福三校的公卫学院，在medRxiv上传的最新研究结果显示，截止到2022年11月10日，预计有94%的美国人至少感染过一次，97.8%的美国人对新冠病毒有免疫力。病毒的毒性越来越弱，死亡率降到了比流感还低，像流感病毒一样，成了又一种和人类长期共存的病毒。

从2019年到今年2022年，正好三年，大疫肆虐之后的世界，不能说满目疮痍，却也不再岁月静好，可话说回来，人类历史又何曾有过岁月静好。数百年后，史家回顾今天，是否会用"疫前史"和"疫后史"，来重新定义人类历史。

这本"纽约流水"，从2006年开始"流"起，本来就是图个好玩，记录下生活中的琐事。不曾想疫情来之后，疫情前的"流水"、疫情间和疫情后的"流水"，"流"着"流"着，调性起了变化。如果说疫情前是莫扎特的降E调第39号交响曲，疫情中是柴可夫斯基的Pathetique，疫情后则是勃拉姆斯的第四交响曲。

这些流淌的音符，正如那年月夜，在德拉瓦河看到的流光，在时代的暗流中，折射出一抹生命的底色。

三年里小民的生活经历了正常到非正常再到新正常的循环，一如黑格尔正反合的辩证法。但生活的表象远不能反映生命的本质，尤其在上帝死了之后。

如果说生命本质是虚无的话，那么人类的任何努力终将归于虚无，化为泡影。帕斯卡说人是有思想的芦苇，哪怕一滴水都能摧毁芦苇，但只要能思想，芦苇依然比毁灭它的那股力量更高贵。

《纽约流水》，既是纪录，也是抗争，与人类命运虚无的抗争，这种抗争终归徒劳，就像西西弗滚石头，更像精卫填海，结果已不重要，抗争的过程呈现生命的意义。

《纽约流水》于浩瀚宇宙中留下一根芦苇的生命轨迹。

作者

写于2022年感恩节前夜

纽约流水

7月1日 2007年

昨天在整理旧文书的时候,偶然翻到一张10年前来美国时,给托运公司的一张物品清单。因为当初是公司负担所有费用,所以我把能搬的都搬来美国,甚至连放计算机的桌子。下面是清单的内容,一共25箱物件。

第1箱到第4箱是中文书。

第5箱是画集、杂志。

第6箱是日文的文库本书(一种可放入口袋的珍袖书)。

第7箱到第11箱是日文书。

第12箱到第13箱是录像带和CD。当时在日本录了很多包括奥斯卡获奖作品的经典老电影和香港电视剧,像梁朝伟和刘德华的《鹿鼎记》。在日本买了差不多100多张CD。

第14箱是录像机和AIWA的迷你音响。

第15箱是外套。

第16箱是衬衫和春秋季的服装。

第17箱是单排滑轮和护具。

第18箱是杂货,包括了围棋、包和文具等物。日本的围棋制作精良,离开时特地买了一套。

第19箱是杂货,有挂架、画和文件类。

第20箱是CD、鞋和书道用具。日本的书道用具相当于中国的文房四宝，用个包装起来，很方便。是捡了别人不要的。

书道包打开有砚台和墨镇纸用的钢条，还有小水瓶。这是日本小学生学写毛笔字的标准装备，包虽然是人造革，但非常牢固，在我手上就已经超过十年了，还没有怎么破。

第21箱是夏天穿的衣服，镜子、钟表等。

第22箱是计算机的显示器。

第23箱是计算机。

第24箱是计算机的架子。

第25箱是印刷机。

这25箱物品是我在日本六年半的全部家当。当然还有很多东西都送人了，包括一台半新的wordpro，有一点电脑功能的电子打字机。

今天，去了曼哈顿中央公园附近的一家面包店"Le Pain Quotidien"。这家面包店多年前去过，其长椭圆的桌子和面包的味道，给我留下了深刻印象。桌子和地板都是用相同木材做的，并且是木头本来的颜色，简单到没有一点修饰。装修很质朴，就像他们的面包一样。点了一个烤牛肉三明治、一个蔬菜沙拉和一个托斯卡纳拼盘。

托斯卡纳是以意大利文艺复兴之都佛罗伦萨为中心的意大利中北部区域，素以料理闻名。这个用奶酪和生火腿拼成的面包盘，另有两个小碗，一个装了橄榄油混了些菜末在里面，一个装了生奶酪（Fresh Cheese），味道像牛油。拼盘味道非常不错，特别是奶酪和生火腿，奶酪除了自然熟成的鲜味之外，没有其它任何令人不快的气味和味道。

这段时间和咖啡干上了,昨天在家里煮的咖啡味道有些淡,今天叫了加倍的浓缩咖啡espresso,这个苦啊和中药差不多,而且特别涩。这家店咖啡都是用碗来喝的,更显欧陆咖啡本色。

吃完早晚餐去中央公园散步,今天的天气比较凉爽,中央公园的游人不是很多。

纽约流水

7月6日 2007年

独立日前几天和朋友开玩笑，说今年要从防火梯爬到楼顶看烟花，这样纽约、新泽西各个烟花放点的烟花都能看到。

还好，没这么做。因为今年的烟花和往年不一样，不是往空中放，而是往海面放，即使爬到楼顶也不一定看得到。

不过烟花还是看到了，全因无心插柳。

一个月前，看到曼哈顿南码头有个演出在卖半价，日子正好是独立日当晚的10点，看广告语焉不详，似乎是搞笑什么的，反正价钱便宜就决定去凑热闹。

当晚9点不到从18大道的食肆出发，想反正时间尚早就没走炮台隧道进曼哈顿，走了278公路。人算不如天算，278堵得厉害，半个小时过去了，都还没到布鲁克林大桥，当机立断下公路走街道。在过大桥时发现，没有车从278公路的出口上桥，明白肯定是进曼哈顿的出口封了，所以278才会这么塞。庆幸下公路的判断即时，否则演出都完了，还在278上爬呢。

到了南码头，看到人群都挤在河堤上，到处是警察，找了个停车场竟然开价34美金，大发国庆财。懒得计较，这个时候要识时务，立马付钱停车走人。

刚下车就闻巨响连连，烟花开始放了。很多人从17号码头往外涌，原来码头有一面是看不到烟花的。我们逆人流而入，演出的场子就在里面。

进了场子,那是一个纸醉金迷的世界,露天吧,露天舞场,DJ正在放柴可夫斯基的《1812》,众人挤在河岸看烟花,在铿锵激昂的音乐声中看烟花绽放,真的是很庆典。

如果这时有法国人在,可能要气死。拿破仑的失败成就了《1812》,而当初美国若没有法国的帮助,很难从英国独立,而这曲讴歌战胜法国人的序曲在美国国庆之日播放,真的是讽刺得很。

《1812》放完,烟花也放完了,乐队开始演奏,沉浸在烟花余韵中的男女又开始扭动起来。

演出开始了,是在一个大帐篷里面,从名字上看应该是来自德国的一个班子。这是一个比较粗俗的演出,算是我看过的演出中重量级粗俗的了。粗俗的表演从历史看更接近戏剧的本质,哪怕当年莎翁的戏也要有黄段子,才能吸引人进剧场看。

看完演出午夜已过,17码头依然游人如织,很多年轻的时髦男女打着哈欠赶往下一个寻乐之地。

纽约流水

7月9日 2007年

从上个星期起开始过正常的健康生活,每日晚饭后去海边跑半小时,大概一英里路程;星期六晚上是雷打不动的乒乓、羽毛球;星期天比如像今天这么好的天气,就一定要去海滩吹吹风。这样一来,健身俱乐部就更有不去的理由,看来下个月还是把使用权先停了,等到冬季再恢复。

纽约的海滩基本都集中在长岛。长岛像一支粗粗壮壮的古巴雪茄叼在纽约吊儿郎当的歪嘴上,因为海岸线长,又远离繁华的都市,所以也就有了很多没怎么被污染的海滩胜地,琼斯海滩就是这么一个离纽约大都会较近的消暑海滩。

开车进琼斯海滩外围的时候,已经是车山车海,狭长的公路两边都是停车场。生性不喜欢凑热闹,就一路往南猛开,终于找到一个僻静的海滩,停车场也已经车满为患。在海边小店吃了奶酪热狗、比萨卷,喝了一罐可口可乐,权当充饥,拎起一次都没用过的沙滩椅冲向海滩。

海滩上到处是人,走在被太阳晒得滚烫的沙上,想起了古代炮炙的酷刑。还好往海边再走几步,沙就不怎么热了。

找了块空地,安营扎寨,对着大海晒起太阳,其间有下海让海水润脚,感觉脚底的细沙随浪潮退去而流逝,人也随着脚底沙的流逝而下沉,体验这个脚底抽沙的过程很微妙。下次要带条海水裤,下海扎几个猛子过过瘾。

周围的老外或躺或坐，东方人的脸几乎没看到，亚洲人会享受生活的还是少。想起早上看《亚洲周刊》说，谢国忠等西方经济学家总是误读中国经济趋势的原因是，中国的国情和西方大不相同。其中一项是，当西方社会的GDP达到一定程度后，民众就会减少工作时间而增多休闲时间，但是在中国不是如此，有钱人的工作时间比没钱人的工作时间还要长，可见这个习惯就是到了海外也没有改变。

在海滩上读书也是一种享受，拿了《西方哲学史话》（威尔-杜兰著，杨荫鸿，杨荫渭译）看。这本书最早由上海商务印书馆出版于1930年6月，书名是《古今大哲学家之生活与思想》，1933年8月经修订又由上海开明书店初版，1935年再版，1989年12月又由书目文献出版社以《西方哲学史话》重版，我这本就是89年的重版本。

至今仍然记得18年前，读此书时，触动之深，以至于在东渡日本时，成为随行的三本书之一。其他两本，一本是《圣经》，一本是林语堂的《生活的艺术》。

这些日子对斯宾诺莎的兴趣又起，特地重读此书的有关章节。斯宾诺莎是我最崇敬的西方哲学家，不单单是他的思想，还有他的生活方式。斯宾诺莎是犹太人，因为坚持自己的思想而不见容于当时一手遮天的各方宗教势力，被社会孤立遗弃。犹太教会规定任何人不能和他往来，甚至连讲话也不容许，这个失去同胞和祖国，饱受迫害和打击的人，对社会不但没有仇恨，反而怀着一颗温和的心。他的思想都充满了至情至性的温馨，他完全可以以他的思想和学问来过很好的生活，但终其一生，他是个磨眼镜片的手艺人，不靠贩卖思想和学问吃饭，维持了人格的独立和思想的自由。他是近代西方哲学史的一座高山，后世的各路哲学家无不受他的影响，他的政治理念是美国建国理念的基础。他也是西方思想界中最富东方佛学色彩的哲学家。

在太阳、海风、涛声和阅读中度过了半日时光。四点离开海滩，看到仍然有车络绎不绝地开来，而来的车竟然比离开的车还多。

中午只吃了简单的热狗，半日下来饥肠辘辘。在回家的路上到"橄榄花园"用餐。"橄榄花园"是一家很成功的意大利餐连锁店，遍布全美。上次来觉得太过油腻，这次点的几个菜都非常有水准。主菜的烤鸡排和烤鱼排都把食物的原汁鲜味烤出来了，这个功夫不简单，看来厨房改进了不少。餐馆内部装修得不错，因为靠近黑人区，明显黑人客人很多，其中体面的黑人客人也很多。

晚餐点了：

蔬菜沙拉，有辣辣的像泡菜那样的辣椒，很有趣。

Smoke Mozz Fonduta，三种奶酪混在一起烤，然后用烤过的小面包片蘸来吃。

Venntian Apricot Chicken，很开胃的酸味鸡。

Parm Crusted Tilapia，鱼烤得外脆内嫩，鱼的鲜味竟呈，无腥味。天使之发的面条把油脂充分吸收，味道醇厚浓郁。

Tiramisu，被誉为西式点心之王，一层冻冻Cream最好吃，觉得其实并没其他西式甜点好吃，比如之前在赫德逊河古堡吃的甜点。

Lemon Cream Cake，这个柠檬蛋糕就差得更远了。

纽约流水

8月2日 2007年

上海最近一连几天都是高温，昨天竟然高达39.5度，这是人发烧的温度，不用空调的人家，怎么熬过这发烧的夜晚。

上海的夏天总是让人有些抑郁，热其实还不算什么，更抑郁的是台风一来，暴雨骤至，城市的低处积满了水，然后就是广播、报纸一个声调地说洪汛怎么威胁着黄浦江的堤坝，在洪峰通过的那段日子里，大家的心一直悬着。

所以每到夏天，台风一来，心就开始抖起来了，怕被水淹，怕黄浦江的堤坝挡不住洪峰，心惊肉跳地度过一个又一个夏天。

离开上海的时候，最高兴的就是不用再惧台风的淫威，可以踏踏实实地过个夏天。

到东京后，刚开始住的地方也没有空调，捡回来一个可以吹冷风的冷风机，虽然吹出来的风不冷，但第一个夏天也就这么对付过去了。东京远没上海闷热，留学的日子虽然苦些，环境还是比上海好多了。

搬到柏木寮以后，就再也没离开过空调了，夏天开空调盖被子也不觉得是件奢侈的事，没空调反而不能活了。

在纽约搬进新居后，第一件事就是装空调，因为临近海边，又是朝南通风，在夏天不开空调的日子比开空调的日子还多。这两年一开空调，骨头竟然有阴阴的痛，于是客厅的空调除下，至今依然放在储物室里，只留了卧房的空调，也是开三个小时就自动停的那种。

这么一个循环，不得不感叹人是越老越接近自然，毕竟自然风要比机器风温柔得多。原油价格又破新高，涨到78.21一桶。

以前一张来回纽约和上海的飞机票只要七百美金，现在最少都要一千以上了。

高油价对我们这些开车上班和出游的人相当不利，现在每个月的油钱差不多是过去的两倍。

记得有一年墨西哥湾刮飓风，美国的产油和炼油业大受打击。有一日这车一路往新泽西开，就看见加油站的油价是一路涨，在新泽西有一家油价最便宜的加油站，赶到那里却发现比刚才一路过来的加油站还贵。

不甘，调头东去，在过荷兰隧道前总算加到了还不算太离谱的油。等开回纽约一看，纽约的油价比新泽西还便宜，纽约的油价一向比新泽西一加仑要贵35美分左右，你看这油价乱的，一个星期后这油价才总算稳定下来。

刚到美国的时候，公司每人发张油卡，随意加，结果很多人都给家人的车加油。我一个朋友也来揩油，每次见到我都要用我的油卡给自己的车加满油，弄得我后来都怕跟他见面了。

一年后公司不再发油卡，加油的油钱都算到车马费里，每个人一个星期跑多少英里上报，然后按照一英里35美分的价钱算，这样一来公司里最高的车马费竟然有每个月超过2000美金。

这么实施了一阵，公司又变花招了，每个月固定车马费。这样那些跑长途的人就哇哇乱叫了，反正那时我已辞职离开公司了，据还在那里的同事讲，现在车马费都打到工资里了，以前不用扣税，现在要扣税了。真是一年不如一年，都是油价闹的。

前一阵子读《商业周刊》，有一则新闻很有意思，汽油价高和原油价高不是太有关系，而是世界上当今炼油能力不足导致油价高。以前美国的汽油都是靠墨西哥湾的炼油厂供应，但是飓风过后，如今墨西哥湾的炼油能力还没恢复到1/3，不是不能恢复，而是石油大亨们不想。因为围绕着新能源的开发，比如最近从玉米里提炼燃料等，使得石油大亨们不敢投资炼油厂，怕投资完后，新能源替代汽油，投资的钱拿不回来，所以他们对扩大炼油产能非常消极，何况现在的油价对他们又非常有利，所以老旧的炼油厂还在运作，为这些大亨们在新能源来临之前榨尽最后一滴油。

这样看来油价高是因为燃料新技术的发明，而玉米因为用来做燃料，使得玉米的价格高腾，加拿大的农户现在都不种其它农作物只种玉米了，害得其他农作物如小麦等的价钱也高腾。新技术的发明还没泽被世人的时候，就已经成为世界通货膨胀的推手了，这一点谁都没想到吧。

纽约流水

8月9日 2007年

昨夜一晚上打雷，闪电，下雨，刮风。

电一闪，整个世界就笼罩在蓝荧荧的白光之下，朦朦胧胧的房屋树梢街道在白光中忽隐忽现，说不出的鬼魅。

在msn里碰到一个久未谋面的朋友，一问竟然在北京照顾刚出生的孩子，却把老公一个人扔在东京。

她和她老公的姻缘我有点贡献，当初捉刀帮她修改了考研的论文。她进了我们学校的新闻专业读研，期间遇上同样读研的老公，两个人就结婚了。

她老公结婚后来纽约留学，临近毕业电脑坏了，她急着找我帮忙，我把我的笔记本电脑借给他，总算没耽误毕业论文。

人和人的邂逅与牵连总有些很神秘的因缘，有些人就像前世欠他今生注定要还。就像我的这位朋友，记忆中总是我能帮到她。有一两次我想让她帮点小忙，都因客观因素没能帮上，她也是无限的遗憾。同样一路走来，很多帮助过我的人，我想回报，也因各种机缘不巧而无法帮上。

人生就是这样，你欠着我，我欠着他，不知道是前世种下的果，还是为后世种下因，所以烦恼就成了人生的常态。而看透因缘，烦而不恼才是人生的境界，欠我的，我欠的，一概坦然处之。

这种前世今生的欠债还债一般发生在彼此相熟之后。相熟之前，彼此陌生的人走到一起靠缘分，缘分不可捉摸，属于道可道非常道的不可说。但缘分里有些东西还是可以捉摸的，那就是彼此的味道，这个味道不只是气味，有些类似谈吐举止。有些人不说话，在那里一坐，你就觉得舒服，有些人一开口，你就想找个门赶紧出去。

这种彼此味道的相合和相克同品性没关系，采花贼田伯光很可爱，世家女郭芙很可厌，可见人之喜恶和人之正邪是没关系的。纽约中文广播电台1480有个女DJ应该是个好人来的，很热心耐心地帮助听众，但明明一句话可以讲明白的事，她要用五六句，甚至十句来讲明白，还夹杂了大量的语气词：嗯、呢、啊，这种讲话把听众都培养成老年痴呆了。虽然我很想听一下她讲的内容，但每次都忍无可忍地转音乐台，现在听到她的声音出现都莫名的厌恶，所以好人也会让人厌恶。

早上起来，经过一夜暴风雨肆虐过后的街道狼藉满目，有些树被刮倒了，布鲁克林的一些地区比如四、五大道还被水淹了，住纽约十年第一次听闻。

纽约流水

8月18日 2007年

纽约今日下了一阵急雨，雨像天上垂下千万条银线，直直，密密。

人说唐诗、宋词、元曲、明小说、清对联，道出了中国文字在某个历史阶段的鼎盛模样，从唐到宋到元明，体式各样，就像精灵脱了宝瓶的桎梏，越发活泛起来，到清似乎活泛滥了又归于简约。文字的发展竟也逃不过简繁简的规律。

清亡至今也有百年历史了，这期间中国的文字也有发展，我以为精彩处惟有散文。鲁迅说"五四时期散文，小品的成功，几乎在小说、戏剧和诗歌之上"（见《小品文的危机》），现在看来不单单是五四时期，整个民国阶段亦是如此。

民国出了很多散文大家，公认最好的是朱自清和周作人。不过我个人还是喜欢"秋堂书文"，就是梁实秋、林语堂、钱钟书、沈从文四家，喜欢他们的才情真挚，结构精妙，文字生动，气韵流动。

朱文是好，但太过迂阔，文字的流淌太缓慢，已经不适合当下浮躁的时代阅读了。

"秋堂书文"各具其鲜明的特性。

林语堂行文幽默，妙语连珠。"讲话要似女人的裙子越短越好"就是他发明的，颇能表现其生活的灵性。

钱钟书的灵性又是另外一种了，是一种知性上的灵性。他喜欢丢书袋，一个一个丢得既妥贴又精彩，看他的文是知性的享受。

梁实秋虽不如前两位那么灵气逼人，但他的文章好在温润，好在有旧学的底子和世家生活经验，他笔下中国人的人情世故、衣食住行表现了美的一面。

如果说梁实秋的文章有点阳春白雪的话，沈从文的文章就是下里巴人，有下里巴人的生命活力而无卑俗猥琐，在湘南的种种野风中透出底层民众的智慧。

他们文章的共同点就是气韵流动。气韵不流动，再好的材料也烧不出一桌好菜，可见最后还是气韵流动最为紧要。

纽约流水

8月26日 2007年

2000年德国心理学家Gigerenzer和经济学家Ortmann作了一个实验，让50个女人和50个男人从50个国际性股票中选出他们认识的股票，然后再从认知度高的股票中选出前10个参加了一个选股比赛,结果他们的组合在比赛期间获得了2.5%的回报，好过1万个参赛组合中的88%，而比赛主办方《资本》杂志的主编自己选的组合损失了18.5%。

这是一项有趣的实验，说明直觉比理智更接近本质，消息越多，知识越多，越干扰正确的判断。

不过例外总是有的，这个例外就是秋山真之。

秋山真之是帮助日本海军打败北洋水师，然后又打败俄国波罗的海舰队的那个人。稍微知道点那段历史的人都以为这是海军司令东乡平八郎的功劳，其实从编队到战法到战略都出自秋山真之之手，东乡之所以是名将就在于彻底放权，完全信任他的参谋长。

秋山真之是《海权论》著者马汉的关门弟子，他有种很特殊的才能，这种才能从小就体现出来：他读书没有同学们用功，但考试总得第一，因为教官考什么他都猜得到。

孙中山的秘书、蒋纬国的生父戴季陶有次奉孙中山的命令到日本打探日本对张勋复辟的态度。戴去拜访秋山，秋山知道戴住在筑地时，立刻要他搬到地势高的地方，说戴现在住的是个危险的地方；当戴问他对张勋复辟的看法时，秋山说阻止不了，但三天后就会恢复原样。戴季陶回国不久，筑地就遭遇海啸的侵袭，整个地方全部淹掉；而张勋也确实复辟了，也确实刚好三日就垮台了。

当时孙中山对此事的理解是，秋山作为日本海军的最高长官掌握各地的水文情报，也知道更多复辟的内幕，只是以这种委婉的方式告诉戴而已。即使这样，在日本军界中秋山不仅学问无人能出其右，更被认为是个天眼通。

戴季陶对秋山的评价是，秋山学养深厚，很少睡眠，无时无刻手不离卷，不读书的时候就在静坐。难得的是他的所有学识都能为他所用，而他的智见又不是光从知识而来，而来自直觉。不过他的直觉不是建立在资讯少的基础上，而是恰恰相反。

前两天，山樵老哥说到唐人街脏乱差的原因是中国人少交税的关系，我当时的直觉是似乎不是这样的。

这几天稍作了一下调查，还真是这样。收现金从而不给消费者打消费税的现象，不仅华埠有，在游客占多的时代广场也是如此，不管老中、老外，滑头商人都善用此招，所以少交商业税不是唐人街脏的原因，而是和人口压力有关系。

纽约的每个社区对人口的密度都有一个大致的规定，在此规定上建设基础设施，而华人的房东为了赚钱，华人的房客为了省钱，总是使华人聚居的社区人口负荷超过规定很多。比如三个家庭的房子改建成六个家庭，一个卧室的房子住六口人甚至更多，等等。使得一个支撑1000人生活的基础建设现在要支撑2000人到3000人的生活，社区公共服务的品质自然会下降。特别明显的就是垃圾处理，一个星期两次的扫街，三次的收集垃圾本是能够满足1000人的社区，但多了两三倍人出来，垃圾就来不及处理了，这个才是唐人街脏乱差的原因。

纽约流水

8月28日 2007年

　　本来昨天约了朋友去饮茶,但朋友有亲戚从加州来,饮茶推迟到下星期。于是就去了河边,纽约的东河边有家餐馆"RiverCafe",非常不错,准备在那里吃个早午餐。

　　早上的布鲁克林桥下安静得肃穆,只有几个游客在那里闲逛,平时看到最多的新婚夫妇现在一对都看不到,当然这么早他们是不会来的。

　　天阴阴,使得景色也落寞起来,码头上有座像灯塔的房子,是纽约有名的冰激凌店,年头也不少了,里面却是朴素得没有一点修饰,真正的从里到外原汁原味。

　　沿河的栏杆处本来都是新婚夫妇展现幸福的地方,因为早,他们都还没来,此刻成了一对父女消磨时光的好地方。对面的曼哈顿下城,少了双子塔,多了点遗憾,少了点壮美。

　　码头有很多铁墩子作椅子,结实而不招摇。一张铁墩子竟被好事者刻满了"到此一游"之类文字,很多很多年以后当铁墩子成为文物的时候,这些名字也可以"不朽"了。

　　码头的地板由原木铺成,有一种说不出的自然熨贴。鸽子在上面跑着,与对岸的钢筋水泥仿佛是另一个世界。

　　站在码头北望,前面是布鲁克林桥,后面是曼哈顿桥,中间尖尖的顶就是帝国大厦了,纽约的景点尽收眼底。

黄色的水上出租靠码头了，远处的消防船在游荡。我曾看到消防船在东河里灭火，船头有一个像炮塔的东西，那是水枪，水是取之不竭的，东河里的水随取随用，很是方便，也看到水上警察的快艇飞过，就差没看到海岸警备队的船了。

地板上镶嵌着铜刻，这些铜刻述说着纽约曾经的历史，有一幅展现了1847年富顿发明的蒸汽渡船靠岸的情景。蒸汽机在英国发明，但首次被运用到交通工具上还是在美国，富顿就是发明蒸汽机轮船的人，至今曼哈顿下城还有纪念他的路。没有发明蒸汽渡船前，都是划船摆渡，有一幅铜刻描绘了1640年第一个摆渡船手，用号角呼唤人们上船的场景。

另一幅铜刻呈现的是1717年的摆渡状况，可以看到摆渡的船大多了，而且有了风帆，也可以看到现在布鲁克林的地名由来"BREUKELEN"，有北欧语言的风味，据说当时这一带是荷兰村，如今这一带还有很多挪威建筑的遗迹。

还有一幅铜刻描摹的是更早这片土地上的印第安人长屋。最近看了一些资料，在北美洲的东岸，也就是欧洲人最早殖民的地方，当地的印第安人的房子并不像很多电影里出现的是圆锥状的帐篷，而是这种长屋，欧洲人的到来不但改变了印第安人的命运，更改变了这片土地的生态环境，而这种改变其影响更深远。

有一幅铜刻是纪念发明蒸汽渡轮的富顿，中间的图案是当时的船票，可以看到船费是四美分，到1868年每天有1000人次渡过东河，一年有五千万人次，可以想见当时的繁华景象。

还有三个圆盘展现了从1609年到1994年的地形变化，从上到下，1609年原住民的分布情况，1639年荷兰移民建立殖民地，1994年被划定的轮渡历史区地貌，可以看到地貌在历史演进中的巨大变化。

要去吃早午餐的"RIVER CAFE"竟然是建在船上。餐馆的正门，被花草团团围着。餐厅临窗的景色真的是没话说，但是这种位置是要提前很多天才能订到的。

白天供应的是BRUNCH套餐，先上来的是个把麦片装入空蛋壳，再滴入牛奶，很有噱头。然后是糕点和奶油。糕点包在白布里面。糕点松软不甜腻，很上品的口感。

熏三文鱼的水果鱼子酱拼盘，鱼子酱非常贵，我看了一下菜单一盎司要88美金，也就是一磅要1408美金，还不是鱼子酱中的极品Beluga，不过确实是Caspian Sea的鲟鱼Sturgeons所产的鱼卵。

鹅肝酱，丰腴鲜美，和爽口的梅子肉一起涂在松脆的小面包干上，真是味道好极了，我在大阪曾吃过用整个鹅肝烹制的菜肴，两种做法各擅胜场。

地中海烤鲈鱼，鱼烤得很好，滑软鲜美。

餐后甜品是三色果冰，每个水果的不同味道都有了。还有手工作的巧克力桥和冰激淋。和果冰比还是果冰味道好点。

从"River Cafe"出来看到市长布鲁伯格的城市风景项目"流水"，很有心思。

纽约流水

8月31日 2007年

美国的房价全面开始下跌，新房的销售记录创下了16年来的新低，但是纽约的房价并没下跌，华人居住的三大区华埠、法拉盛、八大道的房价还在上涨。

今天难得和公司的员工聊了下天，才得知布鲁克林近Baypark-way的房租，小小的10平方米左右的房间已经上涨到1000美金以上，原来一幢楼的一层也不过这个价钱，现在把一层隔成三套两室一厅的房间，这样一层的租金就地翻了三倍。

然后他们提起被公司暗炒鱿鱼的某员工，温州人，人很不错，就是能力太差，公司忍无可忍之下帮他另找了份超市的工作。超市的工作，收入相当有限，但就是他买下了在皇后区的一幢楼，80万美金。我想起不久前，他曾要我帮忙给他开现金的支票，当时我也答应了，但最后他还是没找我，我也就忘了这事，今天他们提起才知道是买了个大房子。

很好奇，他们夫妇的收入都不高，怎么就能负担得起呢？原来首付是积蓄加标会，然后向银行贷款，这80万的房子，至少也要贷40万啊，一个月的还贷最起码都要5千以上了，夫妇俩的收入一个月加起来可能才这么多，怎么还贷呢？原来他们也是把房子隔成多间套房来出租，用租金来还贷。

我一方面感叹他的魄力，一方面为他以后的一生为标会、银行作牛作马不值，这一生被房子困住了。像他都能买得起80万的房，不要说成千上万相同经济状况的温州人和福州人了，纽约房价在他们的热炒下，逆市上涨，只是不知这个尽头会在哪里？

回家的路上，电台里的小姐在说一则新闻，一个有80亿资产的纽约富婆，死后留给孙子的只有500万美金，而且每年必须有一次去他们父亲的坟头拜祭才能拿到钱，而给爱犬"麻烦"却留下了1200万美金，又一次动物比人值钱。

我想起曾经在纽约华人社区风光一时的前香港集团的创始人、香港艳星叶玉卿老公的商业伙伴陈某，在儿子车祸丧生之后向侧近发出"穷得只剩下钱"的感叹。

钱，是好东西，但多了也会变成累赘。

像这个员工这样的花钱法，有种杀鸡取卵的壮烈，那是完全牺牲了自己的生活，令我想起莫泊桑《项链》里的那位太太，当然他们并不仅是出于虚荣，也不是辛苦一生一无所获，但人这一辈子就这么陷在房子里了，对我来说正是最糟糕的生活。

像纽约富婆的花钱法，有种早知今日何必当初的讽刺。钱很多但买不来亲情，买不来快乐，买不来满足，这么多钱何用？

我刚从一个穷小子变得口袋里有点钱的时候，是比较挥霍的，看到好东西都想买，虽然不是购物狂，但乱七八糟的东西也买了一大堆，东西不太用得上不算，还占地方，于是每次搬家都扔不少，再买新的，每次搬家都弄得囊空如洗。

及长终于明白什么叫惬意的生活，什么叫简约的生活，东西贵精不贵多，越少越好，空间不用大，能自己轻松打理得过来就好，看到惹眼的东西，不再冲动，钱还是花在体验和经历上最好。

在日本的时候曾有人问我,如果只有1000日元,你是买书还是吃拉面?当时我回答是买书,现在我的回答是吃拉面。

纽约流水

9月24日 2007年

　　秋风吹一阵，秋意便浓一层，待在屋里望窗外，树木依然枝繁叶茂，举目苍翠，不觉得秋意已浓。出了门，抬头望天，竟然没有一丝云彩，清爽得像洗过一样，青到眼睛也变蓝了，爽到全身的毛孔都在透气，血管里流的血似乎也有了秋意。

　　走两个街口到巴士站，等了一会，巴士到，检票，票却已经过期了。一看8/31到期，我上一次坐地铁买的，之间竟然间隔了这么久？这日子过得真够晕头转向。

　　坐两站到4大道转地铁在运河站下，就是唐人街了。

　　上了地面，出了站，宽宽的马路是车流，窄窄的街道是人流，苍蝇要在这人流里飞，肯定无处落脚。

　　街边的小铺卖着太阳眼镜、手表、丝巾、T恤，还有带辫子的西瓜帽，这里一向是温州人的地盘，今天却见有几个铺子是印度人开的，印度人和韩国人在曼哈顿开小杂货店、小报亭很在行，纽约哪个犄角旮旯都有他们的店。

　　侧着身逛到马可波罗面馆，要了碗炸酱的刀削面。纽约做刀削面的就这一家，还上过日本的导游书。酱是炸得不错，就是这面太粘厚了，每次吃，吃到最后都是涨涨的，这次也没吃完就投降了。

　　想去格兰街坐D车去上城大都会博物馆逛逛，见对面的小意大利区已经封了，阵阵烤香肠的香味从那里传来，街道两边摊位的天蓬是绿色的，中间是黑鸦鸦的人群，那个密度和高峰期的公交车有得一比。想起来今天是天主教的显圣节，信仰天主教的意大利人在过节呢。前方传来女声独唱的歌声，听声音很像一起玩的一个朋友。走到勿街，见那里也封路了，路中间还搭了个舞台，小朋友们排着队买棉花糖吃，一众成年人在台下坐着看表演，独唱已经结束了，换了个人在吹笛子。四下看看没见到那个朋友，地面被碎纸屑铺满，每个人的情绪都很亢奋，华人提前过中秋节。

在格兰街坐D车到大都会博物馆，付了一个人20美金入场费，先去看最近才改装过的希腊罗马展区。一进去，是满眼的雕塑，希腊人真的是把人体塑造得太美了。俊男几乎都是裸体，没看到美女有裸体，有美女像的都穿了衣服，俊男们健美的人体，个个神清气朗得如外面的秋天。想想男人裸体的多，女人裸体的少，和奥林匹克运动会有割不断的关系，当时的奥林匹克运动会，参加竞技的人必须遵守的一个规则就是裸体，对人体美的觉醒也因此而起，所以裸像的多俊男和此一定有关系。俊男看多了也会腻的，倒是一个丑陋老妇人的雕像让我久久徘徊，她的鼻子已经塌了一块，下巴也没了一小块，但那种哀愁的表情还是流溢出来，看得你也哀愁起来，这就是艺术的力量。

赶到中国馆，看到了王羲之兰亭序的旧拓本，字迹漫灭依稀可辨，原来被历代文人墨客推崇的字就是这样的啊！我不懂书法，王羲之的字给我一种清越其表，风流在骨的感觉，情色极了。看到了央视《国宝档案》隆重介绍过的罗汉像，真像比电视上看上去的要小，还有两卷长画，几个圆扇面，特别是圆扇面，年代的久远使得画面变成深褐色，把画面中原有的静谧拓展到了寂渺。

正深深地陶醉在古代画家的意境中，馆员却下起逐客令："关门了，请各位离馆。"怎么星期天这么早关门，不是晚上9点半才闭馆吗？啊，是星期六啊，又一次晕头转向，本还想看林语堂的文物，只有下次再来了。

出了博物馆大门，门口的台阶上坐满了人，几个黑人小伙在耍把戏。这些黑人小伙很会懂得把握时机，挑了闭馆人最多的时候来表演，很有生意头脑。他们弹跳力出众，跟头翻得又高又飘，身体的协调性和柔韧性超群。一个黑小伙把脚搭在肩上，手脚并用学螃蟹跑路，两个黑人小伙身体叠在一起，模仿双簧，并命名为"Chinese connection through black people"（通过黑人的中国结合），众口一声的台词说得既清晰又幽默，还会搞一点小小的即兴戏剧。这样的娱乐你会觉得不给他们一点钱都不好意思，不过他们也不会不要钱，随你出多少都可以，像教会的募捐。在募捐完后，在吆喝声和掌声中一个黑小伙一下子跳过五个人搭起的人墙，众人尽兴而散。

搭地铁再到唐人街，本来想去"篁上篁"吃晚餐，一听要等40分钟，没有耐心等，去了隔壁的"蛋挞王"，要了咖喱鱼蛋猪皮和可乐鸡翅，再要了杯芒果奶昔。中午的刀削面还撑着呢，看到店里的墙上有签名，想来肯定是香港的艺人。

纽约流水

9月30日 2007年

昨天一天很清闲，前一天晚上看日剧《女帝》看到早上6点，很久没这么干过了，算是小小的过把瘾。

《女帝》的原著是漫画，去年在中城的BOOKOFF看到时想买，犹豫了一下，等到第二个星期再去看，已经没有了。

《女帝》很能反映日本社会的价值观，虽然不能说是对笑贫不笑娼的诠释，但确实是娼亦有道。更何况陪酒女这一行比风俗业（日本的色情业）的档次要高很多，这里卖的不仅是姿色，更是智慧和学养，像旧上海的长三堂子，当然这些陪酒女陪不陪上床完全是她们自己决定的。

因为睡得晚，起得也晚，起来已经是下午一点有余，去八大道常去的福州餐馆，要了一碗三混汤、一盘拌面当午餐。三混是鳗鱼片、肉燕、有肉馅的鱼丸，拌面是宽宽的面拌了芝麻酱。

吃完午餐，晃到57街，看到有家"发源地"的理发店，进去一看人不多，决定剪个发，这样晚上去见人不太失礼。第一次来这家店，洗头的中年女子手法很纯熟，不管是洗发还是敲背都很舒服，比在镜湖SPA的感觉还好。剪发师是个年轻人，剪了个很摇滚的头，光光的脑袋，顶上垂下一片头发，不过他剪得很认真，算是剪得较好的一次。

书房的椅子要换了。这把椅子被我折磨了三年，背也折了，牙齿（螺丝）也掉了，再坐下去离瘫痪也不远了。到65街的荣发家具店，正好看到有把不错的皮椅，标价199美金，我问老板怎么卖，老板说168，好！身上没带那么多钱，付了20块算定金，让他们第二天送到家。

回家和小胡子哥再确认了地址，在google的地图上查了地址，在法拉盛缅街的旁边离高速公路出口不远。

等淑下了班就接了她往法拉盛开去。到了法拉盛还早，先去Bakery De Paris买了些面包，这家店是个韩国的面包师开的，曾在法国专门学习过，面包不但松软可口，还非常有创意，很多式样也只有他们家才有。

买了面包再去世界书局，看到有何菲的《上海熟女》，只有一本，马上买了，其他熟人的书没看到，看到有《倪匡说三道四》。倪匡的小说不好看，但他怪话很多，他的怪话还是很好看的，于是也买了一本。

从书店出来隔条马路就是聚会的餐馆富记，一家广东菜馆，以前也有来吃过。问明了包间，走入举目四望，看不到小胡子哥的招牌胡子，正惶惑间，一西装革履男子笑着问，你是不是找XX，我不知道XX，我只知道小胡子，于是问小胡子在吗？他笑着说小胡子就是XX，他还没来。我想起浪人的英文名我知道，就问浪人来了没有，西装男子笑曰，浪人就在你身后。回头一看一彪形大汉正瞪着眼看我呢，中央红军和陕北红军就这么在一年博客长征之后历史性的相会了。

浪人招呼我们在美女桌坐下。纽约重庆人带着朋友已到，还有两三个美女把浪人团团围住。浪人拿出苏格兰威斯忌，我破例陪浪人一起饮酒。小胡子夫妻和纽约蓝蓝一家到得晚些，但很快大家就明白今天的主角除了浪人，就是蓝蓝夫妻。

蓝蓝的老公老麦，看到没有中国烈酒，就偷偷去外面买了瓶茅台回来，给大家都斟了酒。浪人和小胡子都带了很多礼物送大家，浪人更送了两张长江维多利亚豪华游轮的船票，最后这两张船票被一个声音酷似李双江的中年男子抓阄抓走。之前老麦曾混水摸鱼，伪造得奖纸条，不过被主持人当场识破，诡计没有得逞。

在专业歌手的声震八方和小胡子哥失败了又成功了的餐巾魔术之后，蓝蓝高歌了一首《我的未来不是梦》，激情演绎，大饱耳福。而更让人大饱眼福的是，蓝蓝为另一女歌手伴舞，媚得令女歌手忘词了，为了不干扰女歌手的演唱，蓝蓝和老麦即兴演了段像探戈又像冰上芭蕾的舞蹈，获得满堂喝采。

浪人从头到尾就是聚会的主旋律，发扬了全心全意为人民娱乐的精神，和他的文章一样，激情满怀，高潮迭起，在意想不到的地方峰回路转，幽默调侃的语言引得大家从头笑到尾。

也不知过了多久，谈兴正浓的浪人突然接到太座电话，顿时一副俯首甘为孺子牛的样子，想必是太太发十二道金牌来了，这样众人也就借机散了。走出店外一看，竟然已过11点，想起了爱因斯坦的相对论，和喜欢的人在一起，时间总是短的。

纽约流水

10月6日 2007年

中秋已过，天气应该变凉才对，可是残暑依然发挥着余威，街道两旁的树也依然风姿绰约，不见枯黄，更不要说落叶了。日文里形容晚秋的风是"木枯らし"，有点中文里摧枯拉朽的意思，今年摧枯之风来得晚了。

和依然沉浸在暑热中的天气比，纽约的商业环境却似乎已是风萧萧兮易水寒，这几个星期无论在最繁忙的BQE（连接布鲁克林和皇后区的高速公路），还是495公路，道路都畅通得很，商用车减少了一大半，从来没在繁忙的周中碰到这么空闲的路况。

好几个客户打来电话询问周遭的生意情况如何，才知道大家的生意都很清淡，加州的供应商也说加州一样清淡。想起两个星期前和一个犹太客户的谈话，他说自己虽然是犹太人，但还是要为犹太人的消费祷告。纽约的经济靠犹太人的消费撑着，犹太人一放假，大家就都没事做了。

虽然每年差不多这个时候都是犹太人的节日，可能是寒食节，有整整一个月，但今年的消沉似乎比往年都要厉害得多。格林斯潘说美国经济的衰退概率在1/3到一半，这个概率可谓相当高。

即使现在次级贷款危机的负效应已经减弱，但是房价的跌落和房地产市场的低迷肯定会影响消费者的心理，美国的经济依靠消费，说不定过不久经济衰退真的就会到来。

而我现在最担心的倒不是经济衰退，而是一直被国际金融寡头们操纵的美元之失控，美元已经泛滥，如果失控，就会像汹涌的洪水冲垮堤坝卷走一切，到时我等小民面临的真的是灭顶之灾。

纽约流水

10月7日 2007年

码字是要有感觉的，码字是要有情绪的，码字是要心平气和的，可见码字并不是一件容易的事。最近手生的很，码字的欲望完全没有，本来想就此休息一阵，没想到辖逛了一圈，码字的感觉竟然又回来了。

星期六一向是淑的罢煮日，本来想去料理铁人MORIMOTO开的店尝鲜，淑对日餐的兴趣不大，就改去法拉盛的"山水甲山"吃韩国烤肉。

去法拉盛有两种走法，一种是BQE换495，一种是Belt Parkway转685，Belt Parkway如其名，就像一条镶边的玉带沿着大西洋的海岸线蜿蜒盘绕，这条高速公路也曾在《教父》的书和电影里出现过。走玉带公路虽然多绕了点路，但在夕阳映照、烟波浩渺的海景中开车吹海风是相当惬意的，于是选了后者。

纽约的三个华埠，以法拉盛的中餐食肆水平最高，选择也最多，能够在法拉盛开店立住脚的店，基本都有两把刷子，否则不出半年一定关门大吉。可能和这里的华人来自世界各地，相对比较有钱，文化程度比较高有关系吧，特别是法拉盛的台菜有相当的水准，主厨都有些拿手绝技。

到了法拉盛，先去韩国超市买米，买速食面，买韩国泡菜。韩国超市的米可能是全纽约最便宜的了。在美国米有三种，圆粒，长粒，中粒。圆粒米就是日本米，比较贵；长粒米就是泰国香米，广东人和东南亚人的主食，广东以北的省份都不吃这种粘性不大的米；中粒米里面还分两种，较长的是加州玫瑰，较短的是401，都是在加州栽培的新种，当年日本闹米荒，从美国进口的就是401。韩国人的食性和日本人很接近，包括米也是如此。但是圆粒米成本太高，所以在美韩国人就在"加州玫瑰"里面再掺些糯米，这样米的黏度有改善，成本也低，40磅的米才卖17美元，比老中吃的最便宜的长粒米还便宜，难怪我看到很多中国人一买就是三袋五袋。

韩国的速食面真的比速食面大国日本做得还好，关键是面的韧劲做得好。"农心"是韩国泡面的一面旗帜，自从在北美建厂之后，美国销售的"农心"都是美国制造，面的咬劲就没了，咬劲没了，面的灵魂就失去了，成了垃圾食品。相反一些如"三养"牌子的韩国泡面，因为从韩国进口，还是保持了优良传统，特别是"手打面"更是一绝，超过"农心"很多。

其实我对韩国烧烤兴趣不大，正好喜来登酒店对面的停车场有个位置刚好空出来，于是就25美分10分钟，扔了6个，这样吃饭也就只能在附近解决。

停车场对面有家台菜"海之味"，我曾在里面吃过午餐，厨师的手艺不错。6点刚过，店里已经挤满了人，还好有一张小台还空着。坐下，点了肉羹、炒豆苗、四神汤、台式东坡肉和韭黄炒活鳝。

肉羹是非常台湾的一道点心，在东京时，新大久保车站附近有家台菜馆叫"杨叶"，是宿舍附近唯一一家不带日本味的中菜馆，那里成了我约会好友、独酌的地方，我称之为第三食堂，一来二去和从台湾来的主厨还成了好朋友，经常送我肉羹吃。肉羹像面疙瘩，只是面疙瘩换成了肉疙瘩，酸得可口，刚好开胃。

四神汤的主料是排骨、猪肚和中药材茯苓、山药、芡实、莲子、薏仁等一起熬，补脾益气开胃，也算是药膳的一种。炒豆苗、炒活膳这些平常菜最见厨师功底，都不错，只有台式东坡肉让我小小吃惊，颜色淡了很多，而且脂肪太厚了，可能台式就是如此吧。

这些菜花了60美元左右，不算贵，炒活膳和东坡肉还打了包，根本吃不了。

回家取道BQE，算是兜了个圈，把淑送回家，再去附近的华人教堂打了三个小时乒乓、羽毛球，吼了三首卡拉ok，浑身湿漉漉，尽兴而返。每周这么运动一下，发现自己耐力又回来了，运动出汗真爽！

纽约流水

10月15日 2007年

早上起来到八大道，已经是人来人往。幸亏运气好，一辆车刚离开，不费功夫找到地方停车，本来想买面包，可面包吃得腻了，还是粥吃得舒服，于是买了皮蛋瘦肉粥、艇载粥，再买了虾米肠和葱油饼。油条如果有的话，肯定再搭根油条，可惜卖完了。顺手拐进隔壁的小店买了份《世界日报》和《明报》。

回到家里，打开报纸看到加州隧道车祸三死十几人受伤，又看到美国政府准备完善退休金制度，两件事还是后面的事和咱们关系密切些。

吃完早餐，奔曼哈顿42街的电影院，那里坐得舒服。李安的《色戒》在AMC影院上映。买票的几乎全是华人，老外很少。

李安曾说对北美的票房不期待，看来他真的很懂美国人的心，纽约的影评也只给了三颗星，评价不是很高。

看完《色戒》，心里没什么感动，可能本来就不是一部煽情的戏。李安的电影里，我最喜欢的还是《饮食男女》，那部电影里真的有沉淀下来的东西打动你。

报道说金庸、蔡澜、倪匡等看后对《色戒》的评论就是选了个女人真漂亮，倪匡还说自己看多了四级色情片，对床戏没感觉什么云云。

我觉得这部长达两个半小时的电影，最精彩的可能也就是一分钟而已，就是王拿着戒指对易说快走那段，王的感动、犹疑、孤注一掷，易的从深情到迷惑到醒悟过来的过程，汤唯和梁朝伟演绎得堪称经典，这一分钟浓缩了两个半小时。

　　李安的情欲床戏，也没令我血脉贲涨，可能真的年纪大了，还是情欲片看过太多，抑或是这个床戏本来就是要拍得压抑，觉得没前几年璩美凤的偷情片好看。

　　影片最值得称道还是梁朝伟那张阴鸷的脸，这张脸太经典了，至少直到现在还无人能如此表现一个人的阴暗面。汤唯作为新人比章子怡大气很多，气质也胜过章很多，有大家闺秀的雍容，就是眼睛里的戾气多了些。

纽约流水

11月16日 2007年

纽约今日又下起了雨，刷刷刷，点线很长的那种，把我那辆银色的车刷出几道黑黑的污沟，令我想起雪后的泥泞。

雨也是随季节和环境令人喜，令人忧，令人厌的。在洛杉矶时，鲜少下雨，看到老天恩赐般的撒下几滴水，那个兴奋就像南方人见到雪一样，在那个沙漠盆地的城市住久了，对雨竟能生出恋慕之心。洛城的雨是天使之城的救世主，把笼罩在漫漫尘雾中的天使暂时拯救出来。

纽约四季分明，有雨有雪，我喜欢。但是冬雨令人厌恶，冷加湿把冬天最后一点点的暖意都浇没了。

从昨天夜晚开始外面就淅淅沥沥下着雨，在暖气的丝丝声中，下载着海菲兹和奥依斯特拉赫的碟子。自从搬到纽约就再没买过CD，网络共享软件的出现，让我淘到不少好作品。下载完略听了一下，虽然海菲兹名声很大，但奥依斯特拉赫的东西更让我入迷，海有点炫技，奥非常的朴实，那种饱满充实的感觉真的是心灵的享受。一般这种古典音乐的下载，只能下载APE文件，保真度可以和原碟没什么差别，而且一定要戴耳机听才过瘾。

回家的路上，听到电台里在讨论台湾加盖"入联"邮戳的邮件被大陆退回的事。有来自台湾的听众打电话进来激动地说，对中国没有认同感。令我想起刚到纽约不久和一个台独人士的谈话，我觉得他们的心态，包括现在很多支持台独的台湾基层民众都有一种情结，我称之为"弃儿情结"，他们觉得当初大陆把他们割给日本，就是抛弃了他们，以后在日本人手里吃苦，在蒋介石手里更吃苦，一直是受剥削受压迫，如今好不容易能够自己当家作主，日子好起来了，大陆却跑来认亲戚了，我们受苦的时候你不要我们，不管我们，我们好了你来找我们，这样我们反而不认。这是一种连带感被撕裂后，处理身份认同危机时表现出来的疗伤情绪，"弃儿情结"就是伤愈后留下的疤，每揭伤疤都会疼，揭破了又会有新的伤疤留在旧的伤疤上。台湾最近的一系列激进的推独行为，在我眼里就是一种弃儿委屈情绪的爆发，很幼稚也很悲情。在这种情形下，大陆应该更大度些，更有爱心些，一方面要对以台独为手段捞取私益的个人和集团予以坚决打击，因为他们这么做损害更深的是台湾本身，对那些满腔委屈情绪的民众要安抚，要给与最实在的支持，绝对不能以回归的名义做好事，而是要站在人文精神上做好事，不要怕弃儿疑惧、反复，爱是恒久忍耐，不言放弃，这样做大多数基层的人民还是会人心回归的。

两岸如今的局势就像冬季，而一连串的台独激进举措就像冬季里的雨，令人讨厌，但只要有爱心加上智慧，没有解决不了的问题。

纽约流水

11月21日 2007年

今天在街上行走，看到一个醒目的招牌挂在一家酒吧的窗前，"NO SUSHI"——"没有寿司"。不禁莞尔，现在已经到了没有寿司也要打广告的地步，可见日餐泛滥到什么程度。开车经过犹太人的社区，犹太餐馆挂着"SUSHI,KOSHER,ITALIAN"的招牌，就是这里供应寿司、犹太人餐、意大利餐。

日餐在纽约越来越普遍了，在中城的45街、48街这些地方，日餐馆一家紧挨一家，短短的一条街有十几家日餐馆紧挨在一起，已经是熟视无睹的现象。如今这种现象也开始在布鲁克林蔓延，在羊头湾的一条小街前后不到100米，竟然开了六家日餐馆，老板都是华人。

不单是华人，亚洲人都比较喜欢扎堆。比如遍布纽约街头巷尾的报刊小店基本都是印度人在经营，而门面狭窄的杂货店多可看见韩国人忙碌的身影，当下越来越多的日餐几乎是华人扎堆扎出来的。日餐在美国的流行华人功不可没，相对日人而言华人有更雄厚的资金和充足的人力资源。

美国特别是纽约，是一个能够充分感受和而不同的地方。来自世界各个角落，不同族裔、不同文化背景的人在同一个屋檐下生活，但又保持着各自的文化、生活习惯。

曾经有过一段做地产经纪的经历，到过很多人的家里。一般干净整洁，家具不多，屋子空空如也的多是欧洲裔的白人家；而东西多多，空间蹩仄多是亚裔人士的家，这可能和亚裔是大家族，喜欢举"族"而居的习惯有关吧。

去过几家白人待售的房间，印象深刻，除了床、书桌、沙发外，几乎没有再多余的东西，电视机更是没有了，当然仅剩的家具都是非常有品味的精品，物欲之寡淡令人惊叹到匪夷所思的地步。

朋友的犹太人干妈，已经八十多岁了，一个人寡居长岛寓所，老婆婆的丈夫是有名的律师，非常富有，死后留下丰厚的遗产，但老人家的寓所也是朴素得很，除了几个非洲的木雕人像，几乎找不到什么奢华之物。老婆婆虽然一个人寡居，但日子却过得潇洒，一年里在自己家里呆的时间也不多，不是去伦敦看戏，就是到南非晒太阳了，八十多岁的人了，这么到处闲逛，过得比谁都滋润。

亚裔人士比较实在，需要拥有的安全感远远大过体验的满足感。中国人说十鸟在林不如一鸟在手，但对西方人来说可能是相反的价值取向，一鸟在手不如十鸟在林，一个囚禁在笼子里的鸟，它的鸣叫肯定没有十只在林子里自由自在的鸟之鸣叫好听。

不能说哪一种生活方式更好，但我是越来越倾向于体验型的生活方式，除了书多多益善之外，其他能免则免，能简则简，有了钱去四处逛逛，好过买这买那。

纽约流水

12月14日 2007年

早上在BQE上蜗行时，办公室小姐打来电话，说是客户已到，问我什么时候可以赶到。约好十点，怎么九点就来了，本来时间算得好好的，这下反让我歉疚起来。本人唯一的美德就是严守时间，不喜欢让人等，也讨厌等人。

一路上听电台里在转播台湾一个节目，是介绍《经济学人》杂志的，说到最近一个英国佬骗保险失败的事，主持人调侃着说失败是因为事主眷恋过去，也是，心肠软的人做坏事一定不会成功的。

到了公司，还没等我说抱歉，他们先不好意思起来，马上进入主题，把我的看法如实相告，给了一个我可以接受的价位，他们说要回去研究一下再给我回复，我说好等你们回复，希望生意能成帮到大家。

从公司出来已经下起了雪子，噼噼啪啪打在地上，打在车顶上，一会儿雪子又变成了雪片，瞬间雨刷在挡风玻璃死角处堆出一条雪来。这条雪没过多久又被滂沱大雨冲刷得干干净净。

冰、雪、雨，雨、雪、冰彼此转换着，就像变奏的和弦交替往复。好啊，昨天还在想要把溅到车身上的斑斑盐渍清洗一下，现在省了洗车的时间和钱了。

电台里的节目又到了听众打电话讨论时下话题的时间。今天是南京大屠杀70周年，有几个观众说要忘记过去展望将来，结果引来了众人的愤怒。有一个女士说以这样的同胞为耻，一个男士说怪不得当初中国汉奸这么多。我想起在日本曾在一堂课上听到讲师对南京大屠杀的否认，很难过，如坐针毡，最后中途退席。以后也没再去上这堂课，当然这堂课也就当掉了，寄人篱下的我只能以这种沉默的方式表达自己的立场和抗议。和日本学生、友人在很多场合都谈起过侵华战争，日本人大多不愿回首，总是回避。觉得是上一代的事情和自己没有关系，当然绝大多数的日本人还是承认和中国打仗是错误的，这点连极右派都承认。但多数日本人对错误的反应是不负责任，不想负责任，怕负责任。历史当然不能忘记，在记住日本人曾给我们带来的灾难和痛苦的同时，更不能忘记当初为什么会积弱到不堪一击的地步，我们能改变的是自己，不能改变的是他人，为了不再被欺凌，不能忘记自己怎么会疲弱。就像弱国无外交一样，弱者也无宽恕可言，强者才有资格宽恕，弱者的宽恕只是懦弱的借口。

　　回到家，上网，看到大家对我第一次写的小小说非常鼓励，还让我继续写下去，我没有能力再写下去，这次写是因为我听到的这段经历太琐碎，太模糊，于是想到了用虚写实的方法，这样故事就有了细节，也能够紧凑耐看一些。到现在都认为文学最高的境界还是小说，就像古典音乐的最高境界依然是交响乐一样。以我目前的能力和学养远远没到写小说的地步，虽然是第一次写小小说，还是看到原来写小说要留意如此多的生活细节和积累如此全方位的知识，这两方面目前都欠缺得很，等这两方面的积累够了，可能会考虑写一部小说，以我目前的能力只能写写这种1000字以下的小小说，玩一下。写小说以虚写实易，以实写虚难，而小说最高的境界就是以实写虚，就像《香水》一样，就像正在看的《修道院纪事》和准备看的《丈量地球》一样，更不要说伟大的《红楼梦》，那是经典得不能再经典的以实写虚。

纽约流水

1月10日　2008年

自从去年年尾看了泽塔琼斯演的"No Reservation"后，一发不可收拾，过起了电影三昧的生活。

其间看了"Insider"（局内人）、《保姆日记》、《我为蜜月狂》、《血染王国》、《女人领地》、《解构生活》、《钢琴家》、《赎罪》、《女王》、《天然喔喔喔》，还有长达48集的《大明王朝》，50集的《风林火山》，还有一些烂片如《征服者》，《苹果》之类。

这些电影里面有紧张刺激如《局内人》、《血染王国》，有搞笑如《我为蜜月狂》，有反映生活的《女人领地》、《保姆日记》，都是很耐看的片子。但是让我心有所动的还是《解构生活》和《天然喔喔喔》两部，特别是后一部，如嚼青橄榄，起初淡而寡味，越嚼味道越浓郁，竟然不知不觉弥漫了全身的毛细血管。

《解构生活》讲一个非常复杂的故事，有高尚职业的男主人公的家庭是个重组的家庭，继女有心理疾病，他想融入母女关系的种种努力总是以失败告终，永远被排斥在母女关系之外，被疏远的感觉拂之不去，但他从来没放弃过努力。另一个家庭是从波黑逃难到伦敦的移民家庭，母子相依为命，母亲善良本份，克勤克俭，靠缝缝补补维持生计，儿子却走上了偷窃的邪路。就这么原本生命轨迹不会重叠的两个人竟然因为儿子的偷窃而相逢，相恋，也因儿子的被捕而决裂，又回归各自的生活。这是一个讲述背信，无奈，宽容、谅解的故事，非常非常有意思，里面演母亲的女演员非常出色，把母亲的善良、算计、决绝、感激、无奈、高尚演绎得淋漓尽致，令人同情，令人着迷。

《天然喔喔喔》看到很多地方翻成《天然子结构》，这是误译，コケッコー在日语里是公鸡打鸣的模拟音。就像片名一样，这是一部纯粹到天然的电影，是我看的这么多部电影中最欣赏的电影，这部电影又回归到日本电影传统的细腻敦厚中，体现了日本文化中最温馨最柔美的部分。故事很简单，讲的是偏避的日本乡村学校来了个东京的转校生，这个转校生和乡下妹SOYO发生的初恋故事。影片的结尾非常经典，即将毕业的两个人在教室里想好好亲吻一下，结果怎么吻都吻不好，转校生害羞离去，SOYO在教室的墙壁上留下了一个深深的吻，这一段描写非常出色，少女对恋爱的憧憬，对学校的留恋都在这一吻中了。而如今日本这种能让人愈合心灵之伤的自然山村和敦睦的人际关系也已经所剩不多了，这种电影今后也不会多了。

看完《天然喔喔喔》对钱穆关于人物的看法有了更深的体会。钱穆说中国的历史，中国的文化对无作为无表现的推崇一直大于有作为有表现，孔子推崇吴太伯，孟子称颂伯夷，司马迁将《吴太伯世家》放在三十世家之首，将《伯夷列传》放在七十列家之首，都是对无表现的推崇。而无表现不是庸碌无为，而是有全性命的大学问、大目标在里面。因为人的心志可以自己把握，功业的成否有太多的不可控因素，也就是孟子的"人必有所不为而后可以有为"。钱穆更说"中国历史所以能经历如许大灾难大衰乱，而仍绵延不断，隐隐中主宰此历史维持此命脉者，正在此等不得志不成功和无表现的人物身上"，由这句话想到蒋介石，近期公开的蒋介石日记让我们能够更深入、全面的了解这位败军之帅。从蒋毛两个人的晚年看，至少在私德上蒋是好过毛的，而不得志不成功的台湾不正是延续了中国文化的命脉吗？

纽约流水

1月11日 2008年

前天民主党预选，希拉里在新州反败为胜。选前几滴女人的眼泪彻底颠覆了此前的民调，前第一夫人总算出了口怨气。

就目前的选情来看，民主党的总统人选应该在希拉里和奥巴马之间决定，而共和党群龙无首之乱象，也注定了今年的总统选举只能当当民主党的绿叶，喊一句"重在参与"的口号过过干瘾。

可以说今后四年的美国总统不是黑男人就是白女人，无论黑白男女都将创造历史。作为第一次拥有选举权的我来说，第一次投票就可以创造历史无疑是荣幸的，可是感觉不到兴奋。无论希拉里还是奥巴马都不是现时期美国理想的总统人选。

希拉里就个人才能和人格力量而言是总统的合适人选，但是希拉里和传统保守势力的淤结太深了，何况布什、克林顿、小布什已经缔造了20年的布克王朝，希拉里的当选无疑是这个20年王朝的延命，对盼望革新的美国人民来说是不想看到的。

奥巴马干净纯粹如阳光男孩，有激情有朝气有干劲，和传统保守势力的勾结似乎不是那么深，但这个不深不是那种出淤泥而不染，而是奥巴马本身从政资历太浅，党和人民的考验才刚刚开始，是骡子是马现在还看不出来，更何况直到现在他都没有拿出一套具体的改革方案。

美国总统虽然不是独裁者，不必什么事都总统亲力亲为，有幕僚和各种团队策划执行，而恰恰是这样的结构使得总统的判断力、协调力、折冲力、决心、人脉受到严峻的考验，特别是判断力更是当下美国最需要的总统能力，小布什之糟糕就是其判断力太差了。

不过有一点是肯定的，无论希拉里还是奥巴马上台都会比布什好。

希拉里和奥巴马最早的分歧似乎在对中产阶级的划分上，具体怎么划分的，我已经忘了。为什么对中产阶级的划分这么敏感？因为税收。中产阶级是美国交税最多，享受国家福利最少的阶级，这种局面似乎谁上台都不会改变，因此美国的中产阶级是标准的金玉其外败絮其中，另一个词就是外强中干。所以很多人宁愿脱离中产队伍，自甘下流，混迹于餐饮商贩等现金收入多的行业。比如我认识一个人，本来在政府部门拿份不错的工资，但扣税加医疗保险等，每个月拿到手上的钱仅够日常开销，到年底报税时还要拿出近一万元补税，一年下来根本存不下什么钱。于是他又干起了老本行送外卖，外卖收入基本都是现金，这样他就可以申报低收入，低收入不但可以获得免费的医疗保险，还可以每个月拿到300多元粮食券，到了年底报税三个孩子还可以退税8千多元，比在政府部门上班实际收入不知道高出多少。这是自甘下流的典型例子。而拥有两三家餐馆，拿着政府各种补贴的小老板比比皆是，所以即使是美国的人口调查也存在很大的漏洞，人均收入很多地方都是缩了水。特别是犹太人、华人都是钻政府空子的老手。

趋利避害是人的本性，也正因为美国对中产阶级的重剥削政策，使得这几年美国的中产阶级流失得很厉害，很多夫妻双职的家庭，因为税收太重，丈夫或妻子宁愿辞掉正式的工作，改做现金收入的散工。而要改变这种现象似乎看不到希望，不管谁上台，都不得不听有钱人的话，不得不塞钱给没钱人，能够牺牲的只有中产阶级这个沉默的大多数。

纽约流水

1月12日 2008年

淑今日生日，一个星期前就说要找一家店好好庆生。于是选定了在上西城文华宾馆（Mandarin Oriental Hotel)内的Asiate，下午打电话订位，可能小姐假寐刚被唤醒不在状态，先说晚上好，意识到时间不对慌忙改口说下午好，我问她晚上两个人的位子有没有？她说赶早有位子，晚了就没位子，就这样订了六点的席位。

Asiate在宾馆的35层，能够看到中央公园，是吃早午餐的好去处。大厨Nori Sugie虽然年轻，但经验丰富，先后在日本和法国的烹饪学校学习，又经过日本、法国、澳洲等米其林三星、二星店的磨炼，兼采日法餐之长，有自己独到的烹饪心得。

Asiate不是很大，但布局非常匀整，两排从地到天花板的酒架放满了酒，不但让酒鬼们看得血脉贲张，就是不太喝酒的我看了，都觉得赏心悦目，据说是名设计师Tony Chi的杰作。

因为去得早，餐厅里没什么人，把我们安排在临窗的包间。在沉沉夜色中，看着万尺之下的车龙划着一道道光影，想起5年前在东京大手町某高层餐馆看到同样的夜景。那时受朋友之托，在那里设宴招待了日本医药界的一些专业人士。无论东京还是纽约，夜色中高空俯瞰的景色都是一样的，车水马龙，川流不息。

我们两个人都不喝酒，淑点了可口可乐，我要了绿茶，同样是茶，非常能反映东西文化的差异，西人的茶即使是绿茶都不会是单纯的绿茶，而是混合了其他药草和香料磨成碎末装入茶包，喝时还要放糖。而中国人、日本人绝对不会做这种事，很难想象碧螺春加肉桂加陈皮会是什么味道，所以中国人看西人喝茶，就像西人看中国人喝干红一样，彼此诧异和菲薄的心情是一样的。

点了有七道菜的套餐，一边感叹大厨的手艺，一边想中餐落后的原因，光是菜式的造型，中餐就已经落伍了，现在的菜式，无论什么餐，都讲究菜式的空间感和层次感，造型越细巧越好，而中餐还沉浸在二维平面体中，光视觉就败下阵了。

前奏，开胃菜（附送）

鰤鱼片芥末酱，一粒粒的是天妇罗子，比较少用的日本食材，硬而脆。

第一道 刺身六连奏

熊本的牡蛎

海胆

纹鲹配石榴

金枪鱼配鳟鱼子

鰤鱼

鱿鱼

这个菜的创意非常妙，一口一种味道，尝了鲜负担也不重。我比较欣赏牡蛎，淑说金枪鱼好，她不吃生鱼片的人都吃了（除了海胆），可见一点腥味都没有。

第二道 金箔混蛋

金箔是真金，蛋有点像日本的温泉蛋做法，半熟半生半固体状态。说句实话日本料理里面最反感的就是对金箔的使用，有种爆发户的味道。

第三道 密枣鹅肝

密枣上加了片生火腿,中间是鹅肝,外围烤鳗鱼肉。

第四道 凯撒沙拉汤

像一小杯绿啤酒,热热咸咸,浓郁的奶酪味。

第五道 烩鲈鱼

鱼的味道和口感其实没有粤菜好。

第六道 巴法罗牛肉

牛肉两做,一个是烤,一个是烩。

第七道 甜点

甜点上了两道,一道是水果冰糕配椰子肉什么,还有一道是三位一体:鸡蛋布丁、巧克力、苹果冰糕。

这七道菜虽然量小,但就是换一个大肚汉来,也是足够份量,瘪着肚子进去,扶着墙出来。

纽约流水

1月14日 2008年

星期六，农历丁亥年癸丑月辛戌日，我的灾日。

早上出门车子被刮，下午回家警察开罚，要是换了个说谎不脸红的主，可能也就逃过一劫了。当时正说着电话，后面警笛响起，靠路边，跟警察分辩说我接到紧急电话，警察问什么紧急电话，我本想拿家事说事，但张口却是客户的紧急电话，警察说那不算紧急，可见我瞎扯的本事还是没练到家。

很久没有这么衰过，回家看看黄历，是什么日子。宜祭祀，开光，动土，入宅；忌嫁娶，出行，造庙，栽种。忌出行，难怪一出行就遭灾了。要都这么想还真是封建迷信了，想到立春之后命犯太岁，是不是已经开始预演了，于是查了一下天干地支，丑月戌日恰好都是我的喜神金火的墓库，加上亥癸两重水，真的是泪水横流了。

以上当然也属瞎扯，关键还是自己行为不端，做了两次被宰的羔羊。前几日有《锵锵三人行》的嘉宾说，世界上的人就分两类，狼和羊，我做羊的时间多，做狼的机会少，这不好不容易逮到个做狼的机会，最后还是下不了狠心。

一个月前一家台湾的进口商求我帮忙处理他们的库存，卑言厚词，我还了一个价，他们说研究一下，回去后再无音讯。星期五接到电话说再来和我谈谈，于是星期六又见到他们了。依然谦恭温良，依然要我帮帮忙，我想到我一个朋友的名言"乘他病要他命"，商场是最不能讲人情的地方，别人可怜你同情了，到头来你倒霉没人会同情，已经有太多这方面的经验教训。刚在江湖上混的时候，遇到居留不归的某上海局级干部在法拉盛的大街上摆花摊，出于同情答应他到曼哈顿中城的鲜花批发商那里给他捎货，没想到吃了张罚单，老头收下花就是不认罚单，世态本就炎凉。

　　我知道他们在外面转了一个月最后又转到我这里，实在是没有退路，已经是任宰的羔羊。说句实话，他们的库存即使送给我，我都不想要，风险太大，货物是对时间非常敏感的商品，时间稍一长就会流油泛黄失去商品价值，他们在一个月之前见我时已经耗了很长时间，如今一个月又过去了，商品劣化程度很难想象。我很直接了当的提出疑虑，他们说了很多很专业很技术性的话，我是不会被这些话打动的，对我们来说产品怎么生产，怎么运送，怎么保管都是对方的一面之词，不管可信度高不高，都不是最后作裁断的依据，最后作裁断的依据只能是质量和价格，其他都是空话。所以真正好的卖手，不是话多而是话说到点子上。但是最后我还是心软了，希望这次心软不要给自己带来太多麻烦。

　　真正是做羊作久了，做狼不习惯了。

纽约流水

1月18日 2008年

这日子就像麻花一样，有趣无趣相伴终日。

先说无趣，小生的电脑终于鞠躬尽瘁了，原因过劳死，我就是那黑心矿主。前天感觉电脑有些反应迟钝，第二天就再也启动不起来了，换了个旧硬盘能够工作，就知道又是心肌梗死。这次梗死很不愿意看到，因为里面有太多的心血了，好不容易调教得得心应手，这么挂了又不知道要花多少心机了。去电脑店买了个新硬盘，重新开始组装。这次新硬盘特地买了个300G，可是装完才发现只用了一半容量，另外一半浪费了，无趣得很。而更无趣的是，我竟然把花了一个星期整理的书库删掉了！

俗话说福无双至，祸不单行，这边电脑刚挂，右手中指就连着被门压了两次，我都替中指抱不平，他这些年来老实得很，从来没指向别人过，应该不会招谁惹谁的呀，可就是枪打出头鸟，谁让他比其他兄弟都爱出头呢。

再来说有趣的，这Time Out越来越有趣了，我很喜欢看它的街上人物专访，每期必看，可以看出纽约人的众生相，问得幽默，答得有趣，这次是在百老汇，哥伦布大街问一个老太太。

你要去干嘛？

我刚看完电影。

你好像有法国口音哦。

我是法国人，但我在卡桑布兰卡长大，我在纽约生活了11年。

卡桑布兰卡听上去很迷人，那里是不是到处是性、香烟、Humphrey Bogart（电影卡桑布兰卡的男主角）？

（大笑）是的，当然不全像电影一样。我最后离开了那里。在西班牙和荷兰朋友以及她的瑞士大厨丈夫开了家餐馆。

更了不得了！

并不如此。大厨爱上了一个美国女孩，丢下老婆、餐馆、西班牙等一切一切跑了。就像一出希腊悲剧：一开始有20个人，最后每个人都被杀死，只有一个人活下来，那就是我。现在我退休了，我是美国公民。

美国生活如你所期吗？

哦，是的，不过不算布什，当然不算，不算，不算，不算。

他只做对了一件事，就是没找一个模特的女朋友（暗讽萨科齐）。

（大笑）是的，但是法国人，你知道，我们当作小菜一碟，这是可以接受的。我记得克林顿那会儿可大惊小怪了，谁管总统做什么呢？何况，他还不错，比如，至少没有发动一场战争。

哈！我们应该让切尼有个小蜜。能问你多大了吗？

我不会告诉你。我经常在此类问题上说谎，因为我什么都不是，不是，不是，不是（大笑），我希望在我的墓碑上，出生日期是个问号。

那么这样说好了，您的年纪镀了金。

太完美了！

纽约流水

1月19日 2008年

可能世界上没有一种舞蹈能比探戈更刺激荷尔蒙的分泌了，电影《闻香识女人》里的艾尔·帕契诺虽然眼睛失明了，但凭借着灵敏的嗅觉，竟能通过女人使用的香水来分辨女人的身高、发色甚至眼睛的颜色，影片最后帕契诺和女人的一曲探戈将官能之美演绎得淋漓尽致，从此只要一想到探戈，就想到艾尔·帕契诺，想到女人香。

今天晚上在纽约城中心（NYCITY CENTER)欣赏了一台探戈表演秀。这台探戈秀是由MIGUEL ANGEL ZOTTO领军主演，MIGUEL被誉为当今世界跳探戈最好的三个人之一，确实是名不虚传，他将探戈的默契、激情、优雅、韵律都完美地展现出来，还加上了他本人的幽默。看了这场探戈，发现了一个新趋势，就是男女同时甩头的标志性动作似乎已经落伍了，整场演出没见过一次甩头，取而代之的是弹腿，这个弹腿可真是弹得眼花缭乱，比甩头更难，特别是穿挡腿，就是穿过舞伴两腿之间的弹腿更难。在节奏明快的探戈舞曲中，舞伴彼此的进退不是环环相扣的话，这个弹腿就是散打了，不把人踢残也能把人踢伤。

探戈无疑是激情的，挑逗的，但不是纵欲的，而是一种欲言还休，诱惑到极处的克制，这种特色从探戈一诞生就有了。探戈诞生在阿根廷的贫民窟里，早期大量移民到阿根廷的人以男人居多，他们在酒吧、咖啡店、小旅馆里找乐子，彼此磨练舞步舞技，以期在追求女性时，尽情展现性的魅惑力。这种有点下三滥的舞蹈被去酒吧玩的富贵子弟学去，他们在欧洲游学时，把这种舞技炫给欧洲人看，从此探戈逐渐被世人知道，早期全身紧贴的舞风也随之被摒弃。

去看探戈前，晚餐又去了山王饭店，点了丝瓜面筋和西湖醋鱼。山王饭店被称为上海菜在纽约的最好食府，里面的侍者都是上了年纪的男人，去了两趟都没看到一个年轻人，服务和其他中餐馆比真是泾渭之别，难怪日本人特别多。菜还是很中规中矩，不能期望有惊喜，但也绝不会失水准，像极了以前洋行里做事的上海旧式男人，简直就是一种风格。

上海旧式男人们都有些欧洲情节，比如凤凰卫视的邱震海，他说现在的中国和欧洲18世纪时很像，中国落后欧洲300年，他指的是公民社会形成。这又是一种典型的欧洲中心论。钱穆在30年前说过："在二三十年前，常有人说，西方文化只比中国文化走前了一步，中国文化仅相等于西方的中古时期……此可谓是一种文化抹杀论者……当知每一文化体系，则必有其特殊点所在……不能谓天下老鸦一般黑，一切文化则必以同于西欧为终极"（《中国历史研究法》）。

不是上海旧式男人的北京老爷们薛涌，就文化立场而言似乎和邱一样，都是反对文化相对论，主张文化绝对论。他和我一样看到了日本其实和西方是同类型的，但原因我和他有分歧，他说西方和日本的历史动力是一样的，我说是社会的同构性，这里面彼此的说法都很粗糙，说不定再深挖一下的话，大家说的是同一样东西也不一定。我觉得薛涌在反驳文化相对论时逻辑有错误，他说：

最近几十年，西方反欧洲中心论的文化相对主义甚盛，似乎文化无所谓优劣。这种文化相对主义，在美国的大学中即便不是主流，也是一种时尚，渗透到一般的受教育阶层之中。比如，几年前我去医院，当我的白人医生知道我是来自中国，而且研究中国历史后，马上告诉我他在大学上过明史课，非常景仰中国文化。我当时听不出他到底是出于客气还是出于真诚，干脆直率地告诉他我的看法：从现代历史的角度说，中国文化是个失败的文化，至少不能说是个成功的文化。对方听了很吃惊，马上拿出文化相对主义那一套和我辩论。我知道医生惜时如金，无法在看病时开一个中国文化的讨论班，就单刀直入地问他："我愿意我和我的孩子生活在这里。你希望你或你的后代生活在那里吗？"他一时语塞。我判定中国文化成功与失败的标准就这么简单。我是个中国人，我的大夫是个白人。但是，我们是完全平等的。我们中国人应该享受这些白人所享受的生活，比如有相当高的经济收入，在宪政之下拥有自己的政治权利，等等。同样生而为人，凭什么人家有这些而我们没有？凭什么在人家有这些而我们没有时，还不能说我们失败了？

我觉得他把生活方式简单化成文化了，所以他不愿回中国宁愿呆在美国，其实这是一种生活理念，和文化本身还是有很大区别的。

贺岁大片《集结号》和《投名状》都看了。《投》这么滥的一部片，严重侮辱观众智商和情商的片子为什么叫好声一片？国人是不是都弱智到要进幼儿园了？难道都失去最起码的审美观了吗？《集结号》比《投名状》要好些，但除了战争场面之外其他表现都很平庸。中国电影有希望吗，那怎么今年一部片子都没入选奥斯卡外语片呢？我想起不久前某人让我去看他的自恋文章，作者连最基本的地理历史常识都没有，就来妄论文化比较，像这种自己意淫给自己看就算了，炫耀给别人看，我看了如吃了苍蝇的感觉，浑身不舒服。不过博客的文章毕竟都是自娱为主，爽不爽都是自己兜进，可电影就不同了，那是公众利益，拜托这些所谓精英千万别再自己意淫自己了。

纽约流水

2月12日 2008年

戊子年刚开始似乎就意味着今年这一年不会太太平，先是中国南部地区雪灾，后是香港明星淫照大流行。美国也不太平，龙卷风肆虐中部，飓风过处房屋成瓦砾，无数人无家可归。股市更是暮气沉沉，跌跌不休，今年这个年很多人会过得不如意，不开心，会非常难忘。

不过人对未来的憧憬还是挡不住的，此时此刻，不禁想起先苦后甜，开年虽然不顺，但这日子还是希望一天比一天好，无论天灾还是人祸都少一点，没有最好。

自从开始写博，今年的博客停的日子似乎久了点，也不是无事可写，只是看到众友出行的出行，忙碌的忙碌，冬眠的冬眠，在年假里写博客也没多少人看，所以就停了。不知不觉间，这个本来是写给自己看多一点的博客竟变成了写给朋友们看多一点的博客，不知道这个变化是不是好，也不管它了，顺其自然吧，心境的自然。

今年过年，还是比往年多了点年味。

星期六去看了港星林峰的演唱会，自从裴勇俊不再出来拍戏，追星的淑就开始转换目标追起林峰了。这次是林峰第一次到北美来演唱，早早就买了票，还是最贵的那种118美元。我当然义不容辞的当起了三陪：陪行，陪看，陪买单。演唱会在赌城大西洋的喜尔顿举行，而且是凌晨1点开始，无论港星还是台星来北美走穴，都是凌晨开演。虽然不是第一次去大西洋城，可开着开着还是迷路开到德来瓦州去了,再摸着乡间小路开到大西洋城已经是八点多了,比原来多花了一个小时。马上找地方吃饭,喜尔顿里虽然有很多餐馆,但不是排队就是座位已经订满了,想起以前在印度宫的吃饭经历,在大西洋城找顿饭吃还真不容易。

最后终于在一家餐馆落座,要了个厨师沙拉,一个熏牛肉三明治,一个意大利帕尼尼。结果端上来都是巨无霸,光那个沙拉就够两个人吃了。沙拉做得相当不错,奶酪、火腿、香肠、番茄、蛋花、灯笼椒、黄瓜、生菜、西芹……都切成丁状,配上稠稠的沙拉酱既爽口又好味道。三明治吃了1/4,帕尼尼也只吃了一半,沙拉也剩下不少,只好吃不了兜着走了。

吃完离开演时间尚早,就去柜台订房,被告知房间全部售完。所以说开赌场的旅店最赚钱了,不用担心没人来住,只担心没人来赌。在喜尔顿的隔壁找了家汽车旅馆,小女孩一开始开价189元一个晚上,这种旅馆一般最贵不会超过40元的,谁让咱们赶上星期六呢!我要小女孩给打个折,最后敲定158元一晚。

在汽车旅馆小睡一会儿,看时间差不多了就赶去喜尔顿的剧场,剧场不算小,可以容纳千人左右,可场地相当简陋,椅子都是折叠椅。说好是1点开始,到了1点半都没开始,看客也是陆陆续续地进来,中国人的散漫到哪里都是一样,如果是老外的剧场早就关门准点开演了,迟到的人只有等到幕间休息才能进场。迟到还不算太离谱,更离谱的是,不是你的位子却偏去占着,等真的座主来了,又不得不让位,自己麻烦不说还影响别人看演出。还有更离谱的,那些粉丝眼里只有偶像,一人从座位里窜到台前,就会引一帮人窜出来到台前,通道都堵满,通道旁的人都不要看演出了。

就这么乱哄哄的有气氛没纪律地看完整场演出,说句实话物不及所值，这个钱无论去看百老汇秀还是歌剧都可以是很完美的享受。当然粉丝们是一群激情超越理智，梦想淹没理想的人，钱和偶像的本尊比根本不算什么，在这个没有宗教的时代，偶像就是宗教。

星期日从大西洋城返回纽约，再坐地铁去华埠办事。可能是还在年里加上星期日的关系，金丰、金桥这些大酒楼全是人满为患，连沿街的饮茶店都要排队，于是去了一家卖武昌排骨的小店，小店自称是台北武昌街排骨店的分店，据说李安也经常光顾。我要了原盅炖排骨汤加菜饭，排骨汤实在好，肉和骨彻底分离，肉柔嫩，汤鲜美，菜饭不是想象中的菜饭，是酸菜浇上卤肉汁，倒也可口，只是不是期待中的菜饭。

走出小店，到勿街正好碰上新年大游行，本来窄窄的街道人一挤就更没地方走路了。驻足观望，十字路口搭一露台，几个人在台上说话，其中一个是人称好姨的港星薛家燕，本人比电视清瘦了很多，可是这个妆化得黑乎乎的，本来蛮慈眉善目的一个人，弄得像个虔婆。

鞭炮如今是不时兴了，时兴的是放彩花，一个大黑钢筒后面连着气罐，砰一声响，无数彩纸片飞出，花了一条街。淑最不喜欢凑热闹，催我离去，可路都堵得死死的，根本连动一下都动不了，想起挤公共汽车的笑话："别再挤了再挤就成相片了"。这么挤可是有年头没体验了，后面有人叫"请放一条生路啊"，大家一鼓作气往外挤，终于变成一张相片挤出人堆。

走几条街到格兰街的一家意大利小店，一打开门，一股奶酪的陈腐味扑面而来，很多人在静静等候，店员们在耐心地介绍各种奶酪，不时地切下薄薄一片，让顾客品尝，我取了号也一边等着。

店外几步之遥就是中国人的新年游行队伍，队伍中孩子们穿着橙黄的功夫衫在舞刀弄枪，而这里完全是两个世界，没有喧哗，只有美食世界的静谧。轮到我，要了一磅帕尔马生火腿，店员切了几片让我尝，是迄今吃过最好的帕尔马生火腿，色泽嫩红，肉质柔美，咸得恰到好处，过一分就会咸得有碱味，少一分就没有鲜味。被称为火腿之王的帕尔马火腿最关键的是搽盐，这个盐不但要取特殊的海盐，不但要重复多次搽，更要知道什么部位搽多少盐才是恰当的，所以搽盐人才是制帕尔马火腿的关键人。

在店里站久了，奶酪的味道竟越闻越香了。

纽约流水

2月14日 2008年

昨天的雪很大，记不清上一次在雪中漫行是什么时候了，漫天的雪花，不大但很密。

马路上看不到铲雪车，人行道都积了厚厚一层雪，时代广场的行人也比往日少了很多，绚丽的广告牌也落寞了很多。

在49街7大道的沙坪坝找了位子坐下。这是一间意外发现的店，店很小，四川菜做得不错，价钱也便宜，比数街之隔的五粮液好了去了。要了水煮鱼柳、生爆五花肉、蒜蓉炒菠菜。水煮鱼柳有些意外，鱼柳不是煮的是煎的，也没见到红红油油的"水"，味道还不错。菜虽然不错，米饭太糟糕了，饭店老板还是不懂经，好饭馆饭煮得好就像人有了精气神，店才是活的，可是明白人少得很啊。至今吃过最好吃的米饭竟然不是在日本而是在南京路上的干锅居，吃完我要看他们用的是什么米，结果服务员都讲不出所以然，我想跑去厨房看，结果想想还是算了。对吃米饭的民族来说，米饭比菜重要多了！

从沙坪坝出来，脚高脚低赶到卡耐基大厅，在售票处拿了预定的票，时间尚早，服务员介绍说可以去看看厅内的博物馆，去咖啡室坐坐，反正闲着也是没事，就去看看博物馆。

所谓博物馆就是一条走廊，走廊两边的墙上挂满了作曲家的真迹，有李斯特的私人信件，还看到谭盾亲笔签名的曲谱，曲谱上还有一个他的印章。看到100年前那些欧洲大作曲家的笔记，我很纳闷这些字迹潦草如蛇行的信怎么就能读懂？我是连字母都看不明白。

　　入场的时间到了，这次位子更好，在大厅第四排中间的位置。今晚在这里演奏的是科提斯音乐学院的交响乐团，朗朗曾经是该学院的学生。指挥Alan Gilbert，去年刚被任命为09-10年度纽约爱乐乐团指挥的青年指挥家，身上有一半日本人血统。

　　科提斯音乐学院是个非常特殊的音乐学院，只有被认为具有卓越资质的学生才会被收入门下，而且每个学生的所有经费全部由私人赞助。著名的雷奥纳多·伯恩斯坦、赛缪尔·巴伯都是从这个学校毕业的。

　　一共演奏了三个曲目：赛缪尔·巴伯的学校丑闻前奏曲，贝多芬的第11弦乐四重奏，卡尔·尼尔森的第三交响乐。

　　整个演出非常成功，年轻人组成的交响乐团表现了年轻人特有的朝气和激情，虽然在转换时略显急躁，但气势流畅，音律和谐要胜过一般的职业交响乐团，能够和这支交响乐团一比高下的交响乐团，全世界恐怕不会多过一个手。不过年轻也有年轻的代价，气势出来了，但离能打动人心，让人灵魂颤抖的音乐还是差了一步。三个曲目中第一个前奏曲最好。

纽约流水

3月24日 2008年

自从看了徐公的粥论后,昨天决定去华埠的"粥之家"喝粥。

走之前一个客户给我电话让我去收一下钱。客户所在地在布鲁克林腹地,离华埠太远,离华俄杂处的86街近,正好马来西亚餐"良椰"在那里开了分店,就近尝鲜。

在86街的良椰隔一个街口,新开一家俄罗斯超市。这家超市绝对值得同业的中国超市好好学习,超市外墙不是砖是玻璃,一眼就可以看到花花绿绿的水果蔬菜。水果蔬菜都是一层层垒上去的,不要说中国人的超市,就是主流的大型超市都没她摆得这么整齐而又不显单调,比以陈列著称的日系超市还胜出一筹。超市另一个创意是天花板,竟然是一个个形状颜色各异的竹篮。

令我吃惊的是俄国菜比我想象的丰盛,而且看上去非常诱人,既有东方的米饭,也有西方的牛排,还有自制的叉烧和烤三文鱼,可以看出东西结合的特色。

和中国人的超市比,水果种类多而且也不贵,拳头大的柑橘五个一块钱,哈密瓜一块钱一个,苹果的种类竟然多达近十种,有些还是无机栽培的,买了两个无机栽培的梨尝了尝,和普通的梨有不同的味道,粉粉的,核不大,甜得很温柔,还有一点点酸味,很好吃。

超市里不但有熟食,还有蛋糕柜,一看就知道水准很高,应该都是现烤现卖的。超市里的最大看点还是俄罗斯姑娘,不是大妈,无论是收银的还是卖熟食的都是清一色的少女少妇,美丽动人,什么都不买,进去逛逛看看俄罗斯美人也值。

从超市出来到"良椰",客满,等了一会儿才有桌,要了印度面包、海鲜滑蛋河粉和米线,再要了一个清蒸鲈鱼。感觉比本店做得还好。听马来西亚的朋友说,即使马来西亚餐还分广州式和福州式,我也不知道"良椰"是什么式,只要好吃就好。清蒸鲈鱼是我近年来吃过最好的蒸鱼,不但蒸得恰到好处,肉质鲜美爽滑,筷头轻点即酥,蒸鱼的酱油更是极品,有一点糟味,清甜不咸,是迄今吃过最好的蒸鱼酱油。

海鲜滑蛋河粉最早是在东京吃的。在总武线和JR线大久保站之间,有个混合食肆,马来西亚菜是其中一款。最早接触的马来西亚菜就是他们家的,一盘滑蛋河粉彻底征服我,难得的是他们营业至凌晨六点,所以常常通宵的我常常叫外卖,每次要的都是滑蛋河粉。滑蛋河粉的可贵之处是结合了炒河粉汤河粉的优点,把河粉爽滑的特性完全展现出来。

很久没有探险纽约的美食了,今天的早午餐选择了Bouley,主厨兼老板David Bouley是被誉为"美食界拜伦"的人物。从小在康州庄园里长大的大卫,受祖母的影响酷爱厨艺,将用料必当新鲜作为自己烹饪哲学的出发点。他在1991-1996连续获得《Zagat》食物类别的冠军,满分30分拿29分,至今这项纪录无人可破。911曾一度中断营业,2002年重新开张。

因为没有预约,所以一定要乘店开门时就去,才能拿到位子。早早到了曼哈顿的三角区,街边停车的位置也容易找。

推开从法国搬来的18世纪修道院的胡桃木大门,玄关的一边是一排放满新鲜苹果的架子，另一边有几个长方形大筐也堆满了苹果，苹果的清香扑面而来，一进门就给人很不一样的感觉。

店员问我们有没有预约，我说没有，还好到得早，正好还有一桌空位。店员又说今天是复活节，有复活节套餐，那就来复活节套餐吧。

先上一个由番茄、虾仁、梨果冻组成的小点，这个是送的。

然后是金枪鱼头台，把鱼片包起萝卜苗和干薯片吃，口感一流。

接着是虾和烤小章鱼的头台。

跟着是龙虾配黑松菌，龙虾肉鲜甜很有弹性，酱汁淡丽高雅。

鹅肝，皮微脆，肉一入嘴如水银泻地，四处散去，不久就有一股醇厚的味道刹那绽放，满口芳香。

正餐点了鸭肉，确实是老外里面做得最好的鸭肉了，老外处理的鸭肉不是太腥就是太老，这个两样弊病都没有。

餐后甜品上了冰激凌清口。底下铺了腌渍萝卜，酸甜可口。

奶酪蛋糕，有点像日本的kasutera，奶酪味不浓，应该讲甜点不怎么出色。

又送了冰激凌果冻和小甜点，实在吃不下了，把冰激凌吃了。这个味道就甜了点，迎合老美口味。

纽约流水

4月28日 2008年

今天再次去小意大利买了两磅帕尔马火腿。虽然西班牙的伊贝利可火腿比帕尔马卖得贵，但是还是觉得帕尔马火腿更胜一筹，可能和切片有关系，西班牙的火腿是人手切的，刀工不好的话，切不到薄如纸片，而这种生火腿稍厚一些嚼起来不但费劲，味道也一下子差很多。

晚上教会的萧姊妹在新开的新世界请吃饭，萧姊妹的姨甥从拉斯维加斯过来，他正在推广一个新的团契，以工商界人士为主，萧姊妹想介绍我们认识，可能想让我也加入团契吧。她的姨甥是个言必颂主的虔诚基督徒，还没开吃就讲了很多主耶稣怎么样，我不住点头称是。说到苦难，我插了一句"遇到苦难要多读《约伯纪》"，姨甥一愣，接下来话就少了。萧姊妹问我什么时候受洗的？我把自己的信仰经历略讲一边后，姨甥话就更少了，我说基督徒里面，最让我感动的是史怀泽，我们基督徒要像史怀泽那样，不光是嘴巴说，而是身体力行，可惜萧姊妹和她的姨甥都没听过史怀泽。

孔子说四十不惑，可我发现过了四十越来越惑，我的书斋真要取名的话，"时惑斋"是最合适的名字。我时不时疑惑的态度又会生出矛盾的心理。昨天一个朋友问我对日本和日本人的看法，他很奇怪我当时为什么会在日本留学，我也很奇怪自己竟然能够在日本呆了近七年。虽然我对日本人有天生的抵触情绪，但是不得不承认在我成长的过程中日本、日本人给了我最重要的影响和不曾有过的帮助，这七年的影响和帮助远远超过了之前二十四年的总和，我不得不疑惑，不得不矛盾，直到现在都无法调和是厌恶还是喜欢，恐怕会一直矛盾下去。

小资料：

1875年，史怀泽诞生于德、法边界阿尔萨斯省的小城凯泽尔贝格。特殊的地理环境使他精通德、法两种语言，他先后获得哲学、神学和医学三个博士学位，还是著名的管风琴演奏家和巴赫音乐研究专家。1904年，在哲学、神学和音乐方面已经拥有巨大声望的他听到刚果缺少医生的呼吁，决定到非洲行医。历经9年的学习，他在38岁的时候获得了行医证和医学博士学位。史怀泽于1913年来到非洲，在加蓬的兰巴雷内建立了丛林诊所，服务非洲直至逝世。他获得了1952年的诺贝尔和平奖，被称为"非洲之子"。1957年，他的传奇经历被拍成电影。

史怀泽的著作众多，横跨四大领域而且均具有极高的专业水准。计有《康德的宗教哲学》（1899）、《巴赫论》（1905法文版，1908德文版）、《耶稣生平研究史》（1906）、《德法两国管风琴的制造与演奏风琴的技巧》（1906）、《原始森林的边缘》（1921）、《文明的哲学》（1923）、《非洲杂记》（1938）等，其生命伦理学方面的代表作则是《敬畏生命》。爱因斯坦曾经称赞："像史怀泽这样理想地集善和对美的渴望于一身的人，我几乎还没有发现过"（《质朴的伟大》）。

纽约流水

5月3日 2008年

读了章怡和的新书,感慨中国历史发展轨迹的吊诡。读完章描写其父和罗的轶事后,不禁感叹中国其实从来不缺俊才,只是没有俊才发挥的环境。但没有这种环境,责任也不能就怪某某党,某某人。该怪的还是文化,就像古希腊的城邦国家,既有雅典的民主,也有斯巴达的专制。同样的民族,不同的地理环境,不同的历史文化,造就不同的政治体系。

在网上看到一篇署名杜车别的《对网络上疯狂仇韩现象的分析与批判》,虽然论点偏颇,论据不当,但这种不同的声音还是很可贵的,即使他说的不一定对,但也是他认真思考过的。不妥可以争鸣,但绝不可压制。就如罗隆基所说:最危险的思想,是压迫敌人的思想;思想上最大的危险,是思想上没有人来压迫。

我对车文的看法是,此一时彼一时,不能用彼时之心境说当下之人事,更不能把满清排除出中国的历史视野中。确实满清的政治是中国历代皇朝中最糟糕的政治,也是倒退了的政治,但这是中国历史现实,不能假设,不能回避,只能在接受中找出教训。把满清的落后和韩国当下的极端民主主义联系起来,是一件太不靠谱的事,如关公战秦琼,而且情绪化的东西太多,终究不是一种公允、有建设性的观点。这不今天的韩国新闻网称网络民意调查显示:八成三韩国民众渴望与中国一战以洗涤韩战耻辱。落后的满清在朝鲜半岛只是失败,从没打过胜仗,韩国哪来耻辱,还不是新中国才打的韩战？如果现在的韩国人还有一点点如车所说的，有对万历皇帝感恩的心，就不会一而再，再而三地公然和中国人民作对了。

近日遇到音乐奇人杜老师，六岁随祖母学琴，愿收我和淑作弟子。淑学古筝，我学古琴，今天正式拜师学艺。很久没干正经事了，这下可真要好好干了。

纽约流水

5月26日 2008年

杜老师过两天就要回国办音乐会了，这一个月围绕着杜老师和赈灾的高速运转也将渐渐归于平静，似乎又回到过去平淡得不见波澜的生活，但同样的平淡却有了点那么不平淡的味道。

古希腊的先哲说人不能踏进同一条河两次，生活就像河流，一流到底，湍急的时候连回头望一眼的时间都没有。

继中国的国殇日之后，美国也迎来了一年一度的国殇节，纪念所有在不同场合为国捐躯的烈士。那天在曼哈顿义演结束后，开车从FDR回家，看到布鲁克林大桥上探照灯打出的光柱在夜空中慢慢晃动，高高的桥架在蓝光的掩映中巍然矗立。蓝光中的布鲁克林桥平生第一次见到，禁不住有点感动，感动这种哀而不伤的追思精神，哀而不伤里面蕴涵的内容太丰富了。

国殇节的烧烤是美国的约定俗成，就像中国人中秋月饼一样，家家后院这个时候都会烟火袅绕，肉香四溢。这种习俗令人无法不联想到中国人以满月酒迎生，豆腐饭送终，不管在那里，人们都是以吃开始，以吃告终，尽管文化各异，最后的人性都是相通的。

美国的国殇节已经是经年有之，中国的国殇日过去从来没有过，天安门的国旗以前从来都是为伟人的去世而降，如今为平民百姓而降，大地震一下子把中国震变了。

从辛亥革命到文化大革命，每一次革命都是打着人民的旗号，可是当权者想的都不是人民。这次大震灾把一个为民的政府震出来了，这是中国人盼了几辈子都没盼到的事情。若是从此一改过去的颓风，六万英灵可慰，普通平凡的生命做了很多不普通不平凡的生命做不到的事情，将来回顾历史，他们对中国之再造居功至伟。

这次大震灾堪比70年前的抗日战争，甚至有过之而无不及。抗战之前的中国散沙一盘，抗战唤醒了中国的知识青年，中国人第一次有了国家民族意识，但占大多数的老百姓还是浑浑噩噩过日子，甚至很多人对当不当皇民都无所谓。这次大震灾唤醒的是全社会，唤醒的是公民意识，比国家民族意识更深一层，其效果也将更大，其意义也将更深远。

一句话，中国之良性循环从2008年5月12日始，否极终究泰来。

PS：汶川大地震后已经过去14年，过去的努力似乎都白费了。

纽约流水

5月27日 2008年

星期日从老师家上完课回家，看到有个Yard Sale，也就是把家里用不到的旧物拿到街边卖，远远看到有些油画，想起山樵和鹭鸶的经历，就停车跨过马路看看。

首先看中了一只海盗船，完全是新的，问多少钱，答三元。拿回家发现原主人是在某游轮上买的，花了11元。接着看中几个印第安人的面具，一个一元，一共五个。来了个雷根打扮的黑人也要，于是他拿两个我拿了三个。又看中了一幅水彩画，笔触相当洗练，只要三元。油画的尺幅都很大，但画得很拙稚，画家的签名倒是有，可实在画得不怎么样，想到山樵说国内现在只要是油画就是上万的话，心里又不免蠢蠢欲动，最后三元买了一幅比较有意境的，就算是框架也不止三元了。第一次买Yard Sale的东西，没想到竟然这么便宜，以后看来不能错过这样的机会。

本来想跟老师学古琴的，古琴要等老师从国内带回来再学了。听从老师的意见，先学吹笙，音阶的位置都熟悉了，简单的曲子也能对付下来，但是老师说要把高音阶的音符四个连吹不停顿才算上道，又示范了揉音的技巧和吐音的技巧，都不是好掌握的技巧，看来要上达不是一件容易的事。不过本来就是玩，玩得乐在其中就可以了。

自从学乐器后，家里可以开个乐器铺了，现计有：古筝一把，21管笙一把，芦笙一把，高音葫芦丝一只，吉他一把，将来还有古琴一把。

纽约流水

7月5日 2008年

今天是国庆节,白天的街道竟然比晚上还安静,坐在书房里面读加西亚的传记《回归本源》,听不到尘声一丝,让我想起日本正月的街头。

《回归本源》这本被加西亚认为最好的传记,写法也有点加西亚的味道,原来无论《百年孤独》还是《霍乱时期的爱情》,原型都是加西亚熟悉的身边人。

自从知道有名的一风堂在纽约开店,就一直思量着去尝一下,毕竟离开日本这么多年,最怀念只有咖喱和拉面。

一风堂堂主河源成美也算是一个传奇人物,在电视节目《拉面匠冠军赛》中连续三次获得冠军,至今无人打破纪录,又在电视节目《面王》中得胜,他的拉面最大的特点是猪骨头汤没有一点腥味。

去一风堂的路顺风顺水,一向蜗行的278高速公路没几辆车在跑,直到华埠才有点人气和堵车。看到南码头和布鲁克林高地的观景台已是挤满了人,离放烟花还有四小时,这漫漫四小时于我是煎熬,于他们似乎是享受。

到了一风堂,附近马路果然很容易停车,毕竟是长周末,大部分人都出去玩了。走进一风堂就感觉和一般日本料理店不一样,无论厨师还是服务员都是年轻人,一声声"欢迎光临"喊地嘹亮得很。日本的拉面店可能是日本饮食业中除了居酒屋最喧哗的地方，服务员迎来送往，下单上菜都像喊口号一样。有一次在洛杉矶Torrence的拉面店吃面，进门就差点给服务员喊了一个跟头，那个响如炸雷一样，现在回想起来只记得炸雷般的招呼声，面的味道吃的时候就没记住。

在吧台坐下，昏暗的店里都是客人，人还不断地涌进来。看了菜单，我要了赤丸加角煮，淑要了辣面加叉烧，都是以猪骨头汤为底调制。面上来后，先喝汤，滋味醇厚绵长，层次丰富，确实是好汤，拉面的功夫其实就是这一碗汤。可是那个面真的不喜欢，九州拉面的面都细如网线，没什么咬劲，比如上海风行的味千拉面也是九州面，一点都不好吃，还是喜欢火头山的拉面。纽约一风堂的拉面并没给我惊喜。

很多时候，即使在日本，有名的拉面店并不比寻常的拉面店好吃多少。在东京的新宿西口站附近有一家冲绳料理店，做的冲绳大肉面，肉和面浑然一体，卖相粗犷，味道精细，每次经过都一定要去吃一碗，不知道现在还在不在。去年在秋叶原随意走进的一家小店也让人惊喜，比今天的一风堂拉面好。难道真是橘过淮成枳，哪天要去日本本场尝尝这个被称为艺术的拉面。

纽约流水

7月9日 2008年

今天觉得纽约开始热了,虽然气温最高只是90华氏度,但感觉非常燠热。

查邮件看到一封陌生者的来信,是尼日利亚来的,全文如下:

--

Hello,

I am from Sokoto, Nigeria, i want
to know if you can allow me invest
my money in your company as your
partner. I have been into real
estate business for many years
until my recent retirement
following my doctor's advice for me
to avoid any form of stress because
of my failing health. please tell
me, can you invest my money for me?
if you agree, we shall both share
the total annual profit.
Remain bless,

Sayed Laila Esq.

Email: sayed_laila@hotmail.com

这封信的意思他从事不动产业多年，但最近因为健康原因医生不让他做有压力的事，所以他想投资我公司，利润共享。

这是一封钓鱼的信，在当今全世界银根紧缩的环境下，难免有人上当。我早两年就听说有这样一个骗局，但今天这封信发到我这里，看来骗局还是没有被彻底取缔。如果我闲着没事做，真会去周旋周旋，领教一下骗子的骗术。

晚上去了上西城95街，在阿姆斯特街的一家泰国菜馆解决了晚餐。这家泰国菜馆装修很费心思，把各种碗皿贴在墙上，挂在天花板上，不见零乱反而别有一种风情，店堂干净雅致，很高级的样子。淑要了咖喱鸡，我要了一瓶泰国SINGA啤酒，一个蓝起司生梨沙拉，因为下午较晚吃了块西西里披萨，一个意大利卷，还不饿，淑说鸡肉是用鸡胸做的，我不吃鸡，不明白有什么区别，问了才知原来鸡胸硬，鸡腿嫩，鸡胸不值钱。

吃完晚餐，离开演还早，又去星巴克坐了会儿。隔壁就是剧院，一边喝咖啡，一边看外面的人龙越排越长，没想到踢踏舞这么有人气。

今天是一年一度纽约踢踏舞节的第一天，还有两天是10日和11日。踢踏舞小时候在电视里看过秀兰·邓波尔跳过，大了看过那个著名的瘦皮猴跳过，舞台上看还是第一次。

两个半小时的演出，终于明白一件事，踢踏舞，两个脚堪比鼓槌，舞台堪比鼓面，踢踏舞就是用脚打的鼓舞。

纽约流水

7月13日 2008年

拉潘——La Pain虽然不是纽约最好的面包店,但也是能进前十名的。

虽然拉潘的面包不是最好,但他家的大原木桌子确实是只此一家,来到店里恍如在法国某乡下小店用餐的感觉,喜欢这种朴素得雅致的风格。

以前有去过中央公园附近的拉潘,今天去了苏荷区的店,点了个托斯卡纳拼盘,一个面包拼盘,两个人都吃不了。

从拉潘出来本来想去上东城,今天那里有个巴士底狱节,是纽约最大规模的法国节,但想到新作的曲还要改,还是决定回家。

新曲《关雎》第一个独奏部分用了原声的笙,是我吹的,其他配器的和声部分也做了修饰,算是基本完成了吧。

今天的天气好得有犯罪的感觉,就是在太阳底下走也不热,风凉爽得很,所谓风浴也不过如此吧。

纽约流水

7月16日 2008年

前两天看到有一出新剧在演，价钱也就是一场电影的票价，就兴冲冲买了票今天去看。

剧院在曼哈顿下东城，那里是被纽约《Time Out》杂志评为最具城市魅力的地方。之前经常开车经过，从没逛过，一逛之下果然是个相当另类的地方。另类在街道的氛围，既有像是从18世纪欧洲泊来的咖啡店，也有像刚从古墓中挖掘出来的中国菜馆，更有些店弄得像是在搞非洲巫术，天花板挂满吊灯、吊扇，没有一家店是亮堂堂的，晦暗得暧昧。

这个有些妖魅的地方，如今剧院林立，都是小小的，每家只能容纳100多人，这些小剧场每天上演的戏就是所谓的外外百老汇秀。

今天看的Stitching，就是这么一出外外百老汇秀，演员就两个人，女演员Meital Dohan是在以色列出生长大的犹太人，在SHOW-TIME 电视剧《WEEDS》里扮演希伯来语学者，男演员Gian-Murray Gianino是个老练的舞台剧演员。

Stitching是缝合的意思，这里有双重含义：一个含义是关于剧情的，这是一个试图弥合已经出现危机的一对情侣的戏；一个是关于结构，整个演剧的结构是非线性，前后交错，观众要从这些打乱的碎片中缝合出一套完整的戏剧。

值得一提的是演剧的演绎方式，这个被称为"in-your-face theatre"（可以翻译为嚣张戏剧）的戏种，是近几年才刚在伦敦显露头角，戏剧以一种令观众不安骚动的演绎方式来诠释剧情。Stitching这出戏本身就是在伦敦获得成功后又被搬来纽约演出，可见伦敦是戏剧的大本营，百老汇很多出色的戏剧都是从伦敦过来的，从这点来看纽约在文化上还是比伦敦落后。

虽然这出戏很黄很暴力，但还算是一次不错的观剧体验，可惜从头到尾都是对白，比较沉闷。

看完戏，去上海老饭店要了两笼小笼包、一个糟鸡爪、一个糟门腔、一个萝卜丝鲫鱼汤，老上海的小笼包又恢复以前水准了。

纽约流水

7月28日 2008年

可能天气热了，人也变得好动了，两天竟然赶了三个派对。

不过这三个派对于我而言是标准的三陪角色，陪行，陪吃，陪聊。

昨天星期六在淑高中同学家烧烤，她们四个同学从高中一直来往到现在，有事没事都会聚聚，这个星期六的烧烤就是一个无由头之聚。烧烤基本都是肉食，肋条骨、牛仔骨、鸡翅膀、鱼蛋、香肠；以至于烤番薯这个唯一的素食就变得大受欢迎，烤完两分钟不到就只剩下一堆皮了。上次烧烤我带了一片熏三文鱼，这次带了北海道的牡丹虾，都是海鲜，可都不被追捧，下次带盐煮毛豆夹肯定受追捧。

每次烧烤我们都会带7岁的外甥女——淑姐姐的女儿前去，毕竟派对小朋友多，大家可以玩在一起，更何况有外甥女的校外男朋友在。他们两个差不多时候出生，从小就玩在一起，是小家伙亲口告诉淑同学的儿子是她校外的男朋友，当然她还有校内的男朋友，而为什么是校内男朋友的原因更是让我笑倒。

小外甥女的性格非常阳光，虽然调皮，但接受能力和适应能力很强，在纽约唯一一所双文小学上学，两年下来国语说得相当好，越是笔划繁多的汉字越喜欢写。看来海外的华人子女学中文进双文学校是个较好的办法。一星期一次的中文课基本是浪费时间浪费金钱，还会使小孩子讨厌中文。

每次星期六的烧烤都是我们最先告退，我要赶去打球，一星期就一次的运动可不能错过。

今天中午是淑公司营养师女儿的怀孕派对，营养师是印度人，印度的风俗是孕妇在怀孕最后的两个月要办一个仪式，意思是慰劳孕妇辛苦的怀孕过程。在这个仪式上，孕妇想吃什么就吃什么，算是提前庆祝小孩的诞生。

虽然我对印度人有些成见，这些成见是因为我在日本和印度人交往不愉快的经历引起的。印度人对中国的成见和敌意都很深，这可能源于50年代那场战争，把印度人打得很疼，直到现在不能忘怀的缘故。可这个印度的营养师竟对中国没什么偏见，还很喜欢中国，和淑成了很好的朋友，甚至和她的家人都非常熟悉。

印度人和中国人都有千年的移民海外历史，有趣的是印度人在海外大多成为律师、医生、会计师等专业人士，而华人大多成为商人。这里面不能不说有一定的民族性成分在，这是比较文化一个非常好的研究课题。营养师的先生是一个成功的注册会计师，大女儿已经是大学教授；小女儿加州伯克利大学毕业，现在在读硕士；最小的儿子更厉害，哈佛毕业后就到某全国电视台当制作人，28岁未满年薪超过百万，最近出版的政论书籍更是被各大媒体宣传，是美国新右派的旗手。

派对在曼哈顿东村的一个印度餐馆举行。这是一个小有名气的印度餐馆，主人包下了整个二楼。我们赶到不久，客人就陆陆续续不断来到，大多数都是印度人。女士们穿的莎丽真的是眩目得很，一下子把我对莎丽的印象转变了，原来莎丽也可以这么优雅华贵。

说到印度菜，当然离不开咖喱。日本有个节目专门察看印度人除了咖喱还吃其他什么菜，任意走访了十户人家，结果每家的晚餐都是咖喱，无一例外，主持人不得不感叹印度人真的是只吃咖喱。当然印度的咖喱种类繁多，一说不下百种。今天就见识了不同种的咖喱，有咖喱豆、咖喱仔羊排骨、咖喱烩菜、咖喱鸡等等，最好吃的还是咖喱烩菜和咖喱豆，滋味悠长丰富。

晚餐的一个仪式是喂孕妇。事先专门准备一个拼盘给孕妇吃，从母亲喂女儿，丈夫喂妻子，儿子喂妈妈开始，到访的客人从长辈到小辈挑一样食物喂孕妇，寓祝福的意思。

告别了印度派对，又赶去皇后区南边。淑的弟弟刚在那里买了新建的三层别墅，虽然是个比较偏僻的区，房价也要70万美金。小夫妻两贷款50万30年还，压力肯定有，但还好上下两层马上就租出去了，租金都不错，负担可以减轻很多。今天是正式的暖房派对，作为家人的我们一定要去。

纽约对新建房有免15年的地税优惠，新建的房屋相对于过去的房子，空间都比较小，手工也一般，并不是人人喜欢，不过小夫妻俩买房买了十年，错过了很多机会，这次买到也是值得祝贺的一件事。

晚上的派对都是双方家人。淑弟媳的一个姐姐开餐馆，从那里订了十盘大菜，有叉烧，有芦笋鱼片，有鱼香茄子，有干扁四季豆，有京都排骨，有鸡，有鸭，还有花椰菜，煮得都不错。淑弟媳的家里是个大家族，她最小，上面三个姐姐两个哥哥，父母都超过80岁了，依然行走如风，不见老相。我们在华埠的地铁站几次遇到两位老人家，据闻两个老人家每天去华埠逛街，老人家有15个孙子女，不知道他们是不是分得清那个是那个子女生的，反正我是一头雾水。

纽约流水

8月4日 2008年

昨日下了好一阵暴雨，天气一下清爽起来，凉风习习，令人以为是在秋季。

纽约今年的夏天还没怎么热过。看到日本的电视台说今日早晨的气温高达28度，是入夏最热的早晨，日间最高温度名古屋更高达38度，有一点点隔世的感觉。名古屋于日本，就像南京于中国，是日本著名的火炉，可能和四面环山的地形有关。

中午去了一趟法拉盛，在495高速转687高速的时候，看见科罗娜公园帐篷林立，人头簇簇，今天是纽约香港龙舟节，已经举办了18年。刚到纽约的那一年，曾跑去看过，湖面虽小，竞赛却相当激烈，参赛的队伍都是社区里的一些知名企业。以前还有文艺表演，今年想必也有，但这种热闹不凑久矣。

到了法拉盛，把车停在喜来登酒店的车库。这家台湾人经营的酒店，我是看着她一点点变得有品位起来，酒店大堂里如今都换上了中国明清时期的古董家具，连车库的候车室都放古董家具。如果想不花钱有个格调优雅的谈话地方，这家酒店的大堂真可以考虑一下。这家酒店老板对员工相当苛刻，以前有个朋友在那里做，连制服的钱都要自己掏，做了一个月就跑了。

新华书店在海外的第一家分店最近在法拉盛的缅街开业，虽然招牌是红红的毛体"新华书店"，但书的陈列却没什么新鲜可言。

之前这里是个叫百盛的商铺，老板是龙源书店的老板，虽然是新华书店了，但卖的书基本还是龙源的书，有质量的书比起邻近的世界书局还是少了些，优点是价格便宜，可能全纽约没有一家中国人的书店比他卖得更便宜了。比如《图解心经》在华埠的东方文化书店要买30美金，他这里只要17美金，大多数书都在10美金以下（可惜现在新华书店和世界书局都关闭了。作者2022年补记）。

如今可能也只有华人的书店卖书最贵了，无论英文书还是日文书，在纽约都可找到便宜的书店，像日文书店BookOff，很多书只要一美元，而英文书在网上有些只要付邮费就可以，标价0.01美元的书，等于是白送。我在亚马逊买的加西亚英文版的《霍乱时期的爱情》、斯特劳斯《自然权利和历史》就是这个价钱，后者还是新书。

东方书店的书虽然贵，但种类最齐全，他的一些特价书的价格和新华书店的书的正常卖价差不多，运气好还是能淘到些好书，比如前两天就淘到了黄永玉的《比我老的老头》、傅雷文集的《艺术卷》，还有晚明史家樊树志的《崇祯传》，都是第一版。

法拉盛的中餐比纽约其他地方好，要感谢台湾人，几家口碑好的餐馆几乎都是台湾人经营的。这让我想起了我在东京的第二食堂《杨叶》也是台菜馆，在普遍改良了的中华料理店里，她是唯一保持风格和味道的店，以致我都忘了她是台菜馆。

今天去的这家店叫"三六九"，主打牛肉面，老板是另一家人气店"南北和"老板的兄弟，我怀疑这几兄弟可能是江浙籍台湾人，菜单里面有太熟悉的上海菜和点心。到"三六九"来基本都是点面，这家的面是我吃过纽约的面店里面最好吃的，面的质量超过日本的拉面。

不管是拉面，还是乌冬面、荞麦面甚至意大利面，好的面就两个字，一个是Q，一个是滑。为了追求这种口感，意大利面是用硬度最高的Durum制成，而且意大利的法律规定，意大利面只能用Durum来做。Durum含有很高的蛋白质和麸质，所以煮起来是相当考功夫。也不是所有的意大利面都好吃，我只欣赏两种意大利面，一种是叫"天使之发"的细面，其细如云南的米线，一种是宽宽扁扁的Fettuccine。

乌冬面是用中等硬度的面粉制成，配方也是有秘诀。这里的广东人制面工厂为了拉生意，自己想当然做乌冬面，这些乌冬面一煮就烂，不得不说我吃过最难吃的面都是纽约广东人制面工厂做的，倒不是说广东人不会做面，我在香港吃的面可不差呀。

可惜的是，"三六九"的面虽然屈指可数，但汤头还是输给日本拉面，好汤头的中国面真的是不多见啊。

纽约流水

8月15日 2008年

这几天为了完成熟女布置的作业《东京风情》，一直沉浸在东京生活的种种回忆中，和当下的生活相比，可以用两句话来概括：在东京的游学生活，是谋生简单生活复杂，在纽约的定居生活，是谋生复杂生活简单。

谋生简单复杂容易理解，在东京的时候有奖学金，打工虽然需要，但一个星期也就打三次，还经常请假，让年轻的老板头痛不已，基本生活能够保障，谋生并不难。在纽约成熟的红海行业里，竞争非常激烈，商场如战场，形势瞬间万变，既无花红百日，也无树长千年。得意的时候危机已经四伏，失意的时候曙光就在前头。虽然知道不要把得失放在心上，但在江湖里混的人很难彻底放下胜负两字，只有殚精竭虑维持扩大自己的优势，才能立于不败之地，谋生之复杂可见一斑。

生活的简单复杂取决于朋友圈子，在东京的时候，朋友多，圈子多，遇见有趣的人多，碰到有趣的事多，人际关系一复杂，生活也就相对复杂。在纽约，工作和生活彻底剥离，虽然在工作中打交道的人、打交道的圈子不少，但都不涉及私人的生活。可以说工作圈子和生活圈子完全绝缘，似乎大家都有这样的默契，工作生活互不干扰，所以就生活而言是隐居的生活，可以做自己想做的事，而无交际应酬之扰。所以我能够悠然地看书，悠然地学琴，悠然地写博。

说到看书，最近看了不少，阿尔贝·加缪的《局外人》、《鼠疫》、《西西弗的神话》，林和生的《绝望的一跃——生存论大师克尔凯郭尔》，都梁的《将军望》，陕西出版社的《图解心经》都已经看完；黄仁宇的《资本主义与二十一世纪》看完第四章《英国》部分，《考古中国》看完第七章《夏代纪年的推算》，《美国历史十五讲》看完第三讲《七年战争与民族觉醒》，钱穆的《国史新论》看完《中国教育制度和教育思想》，还剩四篇没看完（钱穆的《中国历史研究法》，《中国历代政治之得失》已经读完），启功的《浮光掠影看平生》看了两篇《我心目中的郑板桥》，《记齐白石先生轶事》，台湾出版的《嘘嘘嗯嗯屁屁》看完第三章《恋粪癖》，杜继文魏道儒的《佛教史》看完第五章《佛教中心的转移》，《六祖坛经》看完《自序品》，《般若品》，《决疑品》三品，张岱的《陶庵梦忆》看完卷六，尚余七，八两卷，《金瓶梅词话》看完第二十九回，黄永玉的《比我老的老头》看完钱钟书、张乐平两篇，《百年孤独》作者加西亚的传记《回归本源》看完第四章，陈丹青的《纽约琐记》看完《绘画的观众》。英文书、日文书不写了。

古琴上了第二堂课，学了"勾"和"挑""勾"连弹。古琴之难难在不确定性，学琴人的不但要有悟性，还要有一双敏锐的耳朵，能分辨好音色，怎么能以正确的指法弹出好音色。言传实有不尽之处，老师也只能肯定什么音色是好音色，靠自己揣摩的多。老师特别要求学乐理，为此一个星期多安排了一堂课。第一堂课上了音程，转位，音律的倾向性，稳定性，主音，属音，下属音等，没想到我学着学着，真变成了音乐发烧友了。

老师这次回来，特地送了一只洞箫给我。这个洞箫好难吹，把位也别扭，不知道学过洞箫的人，是不是都有这种感觉？葫芦丝的簧片可能是天气的关系，翘了起来，一个音都吹不出来，老师回来一修就好。这几天拿葫芦丝来玩，发现最高音的6真难吹出声音来，其他音都没问题，就这个最高音6吹不响。

纽约流水

9月15日 2008年

今年的中秋特别热，月亮被天上的水汽蒙着，显得特别小。但是今年的中秋还是做了件很久没做的事，上教堂做礼拜。

杜老师要去教会演奏一段民乐，拉我伴奏，曲子是电影《芦笙恋曲》的《婚誓》，非常优美的旋律。老师吹葫芦丝，我用笙独奏一小段过门后伴奏。

只要是表演都会有点紧张，但也没太当回事，穿着T恤短裤，踏着凉鞋就去了。

到了教堂一看，人还真多，都是年轻人，而且以年轻的女性为主，说一句"美不胜收"也不为过，是继我在东京东中野教会之后，见过的最多年轻人。年轻女性的教会，不一会儿三百多人的教堂就坐满人了。

牧师是一对夫妻，带个有点多动症的儿子，牧师夫妇来自福建，会众也基本来自福建。这对夫妻妻子文化程度不高却是牧师，丈夫文化程度高点却是传道，妻子比较强悍，丈夫比较唯唯诺诺，所以女人不但领导男人，还领导了整个教会。

我想这个教会之所以能够如此兴旺，和这个文化程度不高却比较强悍的女牧师有关系。管理学中有一种叫强势领导，在文化程度低的人群身上是最有效的管理方法，这也是过去统治者为什么要搞愚民政策的根本原因，文化程度越低，对权威的认同感越强，组织就越有效率。

这个教会的会众应该是以偷渡客为主，礼拜的祈祷把合法身份作为特别祈福的内容，从这就可以知道，很大一部分会众是没有身份的。我本来以为偷渡客已经不像从前那么多了，谁知依然是长江后浪推前浪，偷渡潮一直都没退过。

看到这个教会的兴旺景象，再一次感到信仰和学识无关，灵性和理性无关，在信仰的道路上，要么就单单纯纯如赤子，要么就殚精绝虑，绝体绝命地上下求索，没有中间路线，只有这一简一繁两端。简之一段适合合修，繁之一段适合独行，无论繁简都离不开一个诚字，对自己诚，对终极关怀的目标诚。

纽约流水

9月25日 2008年

子曰："学而时习之，不亦说乎？有朋自远方来，不亦乐乎？人不知，而不愠，不亦君子乎？"

经济学家凯恩斯是个非常入世的人，除了教书、研究、炒股之外，还做很多社会公益之事，比如组织芭蕾舞演出、经营剑桥艺术剧院，还收藏绘画艺术品。他坚信人不应聚敛财富，而应将财富花在文明的生活方式上，他的文明生活方式就是收藏和支持艺术家。

其实不要说维持一个文明的生活方式，就是要维持所谓的爱好或技能都是要不惜工本的，这个工本包括时间、精力和金钱。淑有个亲戚住在马里兰州，没有其他爱好，就是喜欢捣鼓古董车，家里有个汽车作坊，每天下班回家就敲敲打打修古董车，为一个零件可以飞到地球的任何角落，这已经不是不惜成本，而是不计成本了。

我的爱好虽然没有像凯恩斯和那位亲戚这么伟大，但也让我感到人精力、时间、金钱的有限。就拿语言来说吧，为了维持日语的水平，每天都要读一定量的日语书，看日语的电视节目，中文当然更不能放弃，最不济的英语也不敢马虎，本来还想学一门西班牙语的，但想想还是放弃了，时间、精力实在不够。现在还能保持"学而时习之，不亦说乎"的状态，再加一门语言，就连"说"都不能了。

同样在乐器方面也是这样，学了古琴后，笙练习的时间就几乎没有了，好在葫芦丝什么的比较简单，会了也不用练习。古琴到现在学了挑、勾、连、历、抹、剔的右手指法，老师要我自己编练习曲练习，说充分发挥我的创作力。这又是一个"学而时习之，不亦说乎"。

上个星期南方蝈蝈到纽约来，第一天晚上带云鹤、蝈蝈去华埠的"粥之家"喝粥，可惜"粥之家"水准下降了。第二天和蝈蝈去百老汇看了音乐剧《青年法兰克斯坦》，这部剧比较中规中矩，主角经常出现在好莱坞的电影和电视剧中，也算是个明星，但整个剧还是感觉平淡了些。看完剧去Sushi Samba吃饭，在西村的这家分店，美剧《欲望都市》里萨曼莎把马蒂尼酒泼到偷腥男友理查的脸上就在这家店拍的。这是家揉合了日本菜和南美菜风味的餐馆，背景是节奏明快的拉丁音乐，俊男美女进进出出，喧哗得很。在寿司吧台坐下点了五道菜的套餐，每样都很精致，味道也一级棒，本来还想拖蝈蝈去爵士吧的，但吃完饭已经差不多午夜12点了，赶紧送蝈蝈回酒店。

五道菜：

1)神户牛肉的薄片。

2)黄尾鱼的Ceviche（Ceviche——浸泡于莱姆汁，洋葱碎末及辣椒末的小块生海鲜料理，盛行于南美洲）

3)烤牛肉和干贝。牛肉入口就化，但底菜的蘑菇味道太咸了。

4)寿司组合。极品托罗（金枪鱼最富油脂的部分）、黄尾鱼、三文鱼、鲷鱼、海鳗（比鳗鱼要小），品相虽然不是最好，但入口非常柔软舒服，特别是托罗和海鳗是我最近吃过最好的生鱼片。

5)巧克力蛋糕和水果冻。

纽约流水

10月14日 2008年

都市的夜空没有星星，在夜空中闪闪发光的都不是星星，是飞行器。星星黯淡了，月亮却越发皎洁，皎洁得令我想起曾经的笑话：

高中有一年中秋，同学喝醉，指着月亮说怎么这只灯泡这么亮啊～～～

外国的月亮不会比故国更圆，更亮确有可能，至少当下这个在纽约夜空中的月亮比那只"灯泡"亮，亮得把星星都掩没了。

张岱"金山夜戏"的那个月夜想来也不过如此吧，"月光倒囊入水，江涛吞吐，露气吸之，噀天为白"，这样的夜晚虽没有本钱学张岱唱戏，但泡一壶茶，听一曲JAZZ也是很应景的。

茶喝冻顶乌龙，JAZZ听路易斯阿姆斯特朗。前者清香如月光，后者飘逸亦如月光；前者苦中回甘，甘中带涩，后者飘逸中见深沉，深沉中透戏谑，如此人便在这月光，清茶，音乐中融洽了。

如果不曾把收藏的CD输入iTune，可能也不会重新认识阿姆斯特朗。在我收藏的200多张CD中，JAZZ屈指可数，大部分都是古典音乐，而且基本都是在日本买的，阿姆斯特朗的这张《The All Star Collection》也是在日本买的，来美国后除了买书的爱好还在继续，买CD、买衣服的爱好都没有了。

十年前听阿姆斯特朗，就像在涉谷的NHK会堂听B.B.KING的现场，没什么感觉。蓝调之王B.B.KING当时到东京演出，巢鸭的留学生会馆有免费票，好友小平是会馆的OB（日本称男校友为OB, Old Boy）弄了两张票一起去听。除了对B.B.KING的慷慨留下深刻印象之外，什么都没留下。那天有日本女孩给B.B.KING献花，B.B.KING回送金项链，后来可能金项链太多，不送花他都给，当然给的都是女孩子。演唱会明星给粉丝送礼物的，我见过的只有这位B.B.KING，所以印象特别深刻。

人和音乐真的有说不出的缘分，在什么状态自会有什么样的音乐相随，在日本的那些年就像古典音乐般规矩严谨，音正腔圆，恪守音律。如今的状态更接近JAZZ，自由自在不逾矩。将来的状态应该是古琴吧，老师说学琴要学庄子之琴，庄子把弦拆掉依然能弹琴，就像庖丁闭着眼睛把牛解了，刀子依然锋利。

古琴真的是玄妙，泛音只有按在弦的正确位置才能发音，左一点，右一点都发不出音，而一旦位置准确发出的音真的是天上之音，虚渺飘逸，无远弗届。用泛音作天，散音作地，按音作人，可真不是瞎弄弄的。

纽约流水

11月5日 2008年

现在晚上11：30分，窗外传来阵阵鞭炮声，奥巴马可能赢了，一查果然奥巴马赢得333张选举人票，确定当选下任美国总统。

白天见一个客户，刚进门就问我投票了没有，我说还没呢，他说隔壁的星巴克给每个投票的人送一杯咖啡，我问星巴克怎么知道客人投了票呢，他说他也是听他的客户说的。

路过一家公立小学，周围的街道停满了车，都是去投票的人。

回到家想去投票，但又懒得出门，虽然走一条街就是投票点，但结果还是没去。

晚上淑回家说有可能共和党赢，公司的同事几乎都选麦凯恩。我想起几个星期前华语电台有个热线节目，很多华人打电话支持共和党，说没有布什就没有现在的太平日子。

看了一下投票结果的地图，西海岸都是蓝色，东海岸北部是蓝色，南部除了佛罗里达都是红色的。可以说美国现在的政治地理环境和300年前立国时没多少差别，中南部依然是保守势力的范围，如果看以郡细分的地图，更有意思，那张地图基本是红色的。所以奥巴马虽然拉开麦凯恩很大差距当选，但具体落实到细处和麦凯恩的差距并不明显。

几次去"黄品青是黑"的博客，总是被一个空灵的女声吸引，被打动的感觉就像第一次听到王菲的歌一样，和王菲一样有一点慵懒，一点飘渺，但比王菲更本色些，有一种空谷幽兰，暗香移动的感觉，也更耐听些。查了一下，是一个叫小娟的酒吧歌手，如今这么让人听不累的歌手应该没有了。

　　古琴学到了按音，按音比以前学的指法更难，难在定音的困难，难在"按令入木"的力度，没练几下，手臂就酸胀了，不禁怀疑相传的古代文人手无缚鸡之力是不是一个美丽的误会，至少会弹琴的士人绝对不会无缚鸡之力的。

纽约流水

11月11日 2008年

十一月到了，树上的叶子黄了，地上的落叶多了，扫落叶的人家辛苦了。

今年秋季的色彩似乎来得晚了些，也更猛烈了一些，色彩之斑斓和浓郁如梵高的画，但那种斑斓和浓郁里面却没有梵高灵魂的煎熬和情绪的动荡，而是如天真的儿童那样，没心没肺的烂漫。

本来想驾车到纽约北部高原的山里，沿着乡间的公路一路看连绵无尽的秋色，但星期天有一个演出，只好断念。

在台湾大卖，感动了无数人的《海角七号》找来看了。除了被一两句幽默的台词逗笑，真的一点都没感动。电影本身的散漫，主角演技的糟糕，把一个非常好的故事糟蹋了。这是一部台湾本土的电影，在这部电影里面台湾人可以找到自己的影子，而不是台湾人的我反而有一种疏远感，没有感动也是正常。

星期五晚上在纽约市中心看的一场舞蹈倒是精彩，LAR LUBOVITCH舞蹈团的40年庆巡回演出，表演了三个节目：

Jangle（吵嚷）

Men's Stories（男人的故事）

Dvorak Serenade（德沃夏克小夜曲）

第一个节目的副标题是四段匈牙利舞，没有后面两个好，但三个节目都有一贯的风格，就是曼妙的舞姿，舞蹈的很多走步、姿态都是芭蕾舞的，但相比芭蕾舞更轻逸。演员们在舞台上都是轻跳轻落，像一群调皮的精灵，怕扰了睡美人的美梦。男生的舞蹈比女生的更有看头，可能本来舞风就偏向柔的一面，男生的刚健使舞蹈有刚柔相济的韵味。

林语堂最重要的小说和散文集其实都是用英文写的，早就有念头找林的英文原著看，在网上找了下果然有售。林的原著还是喜欢旧书多点，买了五本，这两天到了三本。一本《苏东坡传》，一本《吾国吾民》，一本《京华烟云》。林语堂的英文不仅仅是好，更是美，如同当时的评论家说的：

For Dr.Lin Yutang, has written in English, and more brilliantly than any but a few American and English writers are able to do.

"林语堂博士的英文只有少数美国或英国作家可与之媲美"，这绝非溢美之词，我只随意翻了两下，就被他流畅优美的文笔打动。林的书在当时的畅销排行榜上长期占据第一位不是没有道理的。相传当初太平洋战争中的美军士兵人手一册他的《生活的艺术》，而当时推动美国国会站到中国一边，反对日本侵略中国的三大影响力，分别是宋美龄的国会演讲、罗斯的《时代》杂志和林语堂的书。如今60年过去了，中国已经成为世界第四大经济体，但是再没有一个中国人能够像林语堂一样占据英文书排行榜的首位，哪怕入榜，哪怕只有一个星期。

纽约流水

11月23日 2008年

四十二秋——调寄点绛唇

清皎月光

掩扫星尘渺

数声啼鸟

空谷回音少

流水淙淙

不愿白驹老

逍遥道

鲲鹏无脚

尽惹痴人笑

前日在华埠"老正兴"点了荠菜肉丝豆腐羹、鱼面筋菜胆、葱烤鲫鱼，再加一个夫妻肺片。鱼面筋是第一次吃，用鱼肉做的面筋，口感颇佳有鲜味。江浙一带比较喜欢把汤做成羹，以前也喜欢这种黏糊糊的羹，近来觉得还是老火汤更好些。

日本人做中国菜习惯勾芡，他们认为黏糊糊的就是中国菜，所以凡是中国菜都要弄得黏糊糊才正宗。就像一千多年前，他们认为中国菜就是浇一层油。那时的日本连油都是珍贵的东西，平常人家难得一见。圣德太子也只有在送留学生去唐土的筵席上，才吃得上浇了油的菜。从浇油到勾芡，怎么说也是一个进步，但离精髓总差那么一点点，勾芡的中国菜似乎也可以用来象征从中国文化中吸取营养的日本文化。也就是说日本人的汉学就像勾芡了的中国菜，像是像了，但终究还是差了那么一点。难怪木心在日本演讲时称日本文化是对中国文化的一个误会，但这个误会却产生了美丽的结果。

吃过晚餐赶赴时代广场的LUNT-FONTANNE剧院，那里正在上演迪斯尼最新的音乐剧《小美人鱼》，这次的座位可算是看过的百老汇秀中最前面的位子，离舞台只有五排。

《小美人鱼》一如迪斯尼音乐剧美轮美奂的传统，无论服装还是道具都是新颖奇巧，华彩夺目。但就剧本身来说，音乐不是很出色，男女主角的唱功也太一般，声线都不够亮，没有那些上了些年纪的配角唱得好。可能和刚上演也有关系，人的嗓子是越唱越亮的，两年后他们应该会有进步。

虽然音乐和演员不怎么样，但剧情所表达的思想和情感却又要比之前的《狮子王》、《美女与野兽》、《玛丽珀萍》要深刻。不但牵涉到爱情，还很好的诠释了亲情，看到最后竟然有一点热泪盈眶的感觉。

这两天纽约的天气非常冷，室外温度计曾显示摄氏零下三度，这么冷的天气其实呆在家里最舒服。可是又预先订了在卡耐基的WEILL RECITAL HALL听保加利亚音乐家的室内乐，再冷都要去。

这次演奏的曲目是莫札特的C大调协奏曲13号K415，A大调协奏曲12号K414，海顿的D大调协奏曲11号，和当代保加利亚女作曲家Roumi Petrova写于1970年的四重奏4号。莫扎特的两首曲太平庸，坐在我后面的胖老头睡着打呼了，我也差点被催眠。演奏最出色的反而是那首不见经传的四重奏，小提琴、中提琴、大提琴音色分明，各自的旋律水乳交融，整个乐曲充满了跃动，蓬勃的生命力，非常非常出色。所以对演奏家来说作品是否名家所写并不重要，只有熟悉不熟悉，想必这首曲子四个人练和演奏的时间要长过另外三首。

纽约流水

1月5日 2009年

新年到了，天气依然很冷。马路上雪盐泼洒的缘故，路面白花花的，像患了白癜风一样。路边的汽车无论底色是蓝是红，是黑是白，也都白花花的，像患了白癜风一样。这样的路，这样的车在湛蓝的晴天下很是碍眼，禁不住盼着下一场雨，把满街的白斑一并洗去。

年末年头一向是聚会热闹的日子，清淡的日子过久了，反而对热闹有一些抵触。未名空间的纽约版聚不断发来聚会的通知，或到洛克菲勒中心溜冰，或到中城跳探戈，或到法拉盛的"上海小吃"打牌杀人。如果N年前我考虑都不会考虑，再远都去，如今心里动一下，念头还没发芽就已经蔫了。

圣诞节过后的星期日，一早去找阿德让他帮忙粉刷一下客厅的屋顶，屋顶的油漆开始剥落，其实漆了才四年。淑看不过眼，提了很多次，本来想找上次装修书房的工人来粉刷一下，也是做装修的阿德自告奋勇来帮忙，还坚决不收工钱。阿德一来就说上次装修工人装修太马虎，不是整个顶铲掉重新做的，而是这里补补那里补补，所以才有今次的剥落。如果整个顶铲掉重新油漆，一天做不完，于是也只好在旧补的地方继续新补，以后找机会再全部翻新吧。

晚上邀了阿德全家去法拉盛的【山水甲山】吃韩国菜，一是谢谢他，二是阿德还没吃过韩国菜。点了牛舌头、牛肋排、黑毛牛肋排、海鲜薄饼、炒凉粉等。海鲜薄饼太一般，不点也罢，店员极力推荐的牛肋排也是一般。估计牛肋排利润大，每次去店员都奋力推荐牛肋排，黑毛牛肋排虽然贵一块钱，但好吃的程度不止一块钱。

新年过后的第二天在678公路上跑的时候，接到老黄电话，开玩笑说我有大麻烦，说有个上海妹找我找到公司去了。我左思右想，就是想不出哪里来的上海妹，想可能是新客户吧。按所给电话打过去，原来是上次按摩的上海同乡。她说按摩店生意清淡，店里的福州小姐都排挤她。自己刚到纽约一个月又不认识什么朋友，想约我好好聊一下，看有什么工作她可以做。正好晚上是雷打不动的乒乓卡拉OK之夜，我说如果你有时间的话，就来唱卡拉OK吧，顺便也可认识一些朋友，见面再聊。晚上接了她去教会，我打了一个半小时乒乓，半个小时羽毛球；她唱了几首歌，有粤语，有国语，还有绍兴。，一问原来在上海学的是越剧，后来到香港也在餐厅唱过歌，难怪唱得蛮有腔调。她姐姐办她移民到纽约，一来就找了这份按摩的工作，可能一个是新手的关系，按摩技术还没练好，一个是上海人的关系，很受同僚排挤。我安慰她即使失去按摩店的工作，也不用担心，在美国找份工作还是容易的。每天都有新移民到纽约，每个新移民都能找到工作，我到现在还没听说有谁找不到工作。她也看出我在找工作上帮不到她什么忙，请我多去按摩店找她按摩，这样她在店里也可以有些面子，毕竟没有客人的按摩小姐最被人看不起。我不禁想起了在日本遇到的那些在斯纳库做的上海小姐，她们为了拉拢客人，绑住客人，费尽心思，不择手段。如今不知不觉我也成了恩客，真是一件哭笑不得的事。这样的感觉很不舒服，对感觉不舒服的事历来是走避，这也是原则。

何菲约我写一篇金融风暴下的纽约，时间比较紧，烦恼了好一阵，毕竟表面文章好写，有深度的文章难写。特别是在一个星期之内交作业，对我这个业余写手来说更是一项困难的任务，关键是切入点难找，该怎么写，才能让远在千里之外的读者，感受到纽约市在风暴中的气氛。最后决定采用威廉·曼切斯特在《光荣与梦想》中的写法，从琐事和数字来反映当下的纽约。为此我上世界日报、纽约时报的网站，调阅近几个月和纽约经济、生活有关系的文章，摘录要点、细节、数字，写了满满两页A4的纸，终于厘清头绪，花了一天时间写了出来，这是从来没有的写作经历和体验。人真的是只有在压力下才能进步，谢谢何菲给我压力，希望这篇文章能够给国内的读者带来纽约当下最真实的印象。

纽约流水

1月12日 2009年

纽约又下大雪了，据说要积到六吋厚，但是最终连两吋都没有。街上蓝色的雪盐颗颗抖擞精神磕着行人的脚。马路黑湿湿，车辆白斑斑。

雪下得最大的时候，正在华埠抽血，一年一度的身体检查。医生说你超过标准30磅，不能吃甜食，晚上要吃少，面饭要少吃，每天快走一万步，一天减一磅，一个月就减回来了。医生助手严肃地说，不能吃扣肉，不能吃炸的东西，不能在外面吃，不能太甜，不能太咸。

我对医生说，10年前体重最标准，那是每个星期天踢六个小时足球踢出来的，之前之后都没标准过。

回家路上我想，世界上每棵树的每片叶子都不标准，人怎么就能标准呢？中午在老正兴吃了雪菜肉丝面，晚上在新马餐馆吃了很久很久很久没吃的梅菜扣肉饭。

晚上去打乒乓，由于抽了血，昏沉沉的，打了一个小时就歇了。一直来打乒乓的几个年轻人，围着一部银色苹果电脑，走过去一看其中一个在学日语，我问他：

"你学日语干什么啊？"

"去日本工作三年。"

"日本现在很多人失业睡马路，你竟能在日本找到工作，什么工作啊？"

"美国海军。"

美国华裔青年越来越多选择当兵，服役完后不但有八万美元的奖学金，还能分到一套公寓房子，小伙子服役的航空母舰隶属第七舰队，常驻日本横须港，来回星马泰，他们上司把他们的航空母舰叫游轮。在当今中东战火，东非海盗的乱世中，去日本当差无疑是美差。而且小伙子去报到坐的还是商务舱，如果你看过这份美国士兵手册的话，会有什么感想呢？

1，你不是超人。（不要无谓的冒险、不要做傻事）

2，如果一个蠢方法有效，那它就不是一个蠢方法。

3，不要太显眼，因为那会引来对方火力攻击。（这就是航母被称为"炸弹磁铁"的原因。）

4，别和比你勇敢的战友躲在同一个散兵坑里。

5，别忘了你手上的武器是由最低价的承包商得标制造的。

6，如果你的攻击进行得很顺利，那一定是你中了圈套。

7，所有五秒的手榴弹引线都会在三秒内烧完。

8，尽量显得是一个无关紧要的人，因为敌人可能弹药不够了。（他会先打最重要的人）

9，每当你要攻击前进时，炮兵往往也快要用完了炮弹。

10，那支你以为是敌军疑兵而不加注意的部队恰恰就是敌人的攻击主力。

11，重要的事总是简单的。

12，简单的事总是难做到。

13，好走的路总是已被敌军布上了地雷。

14，如果你除了敌人不缺，其它什么都缺，那你往往就要面临作战了。

15，飞来的子弹有优先通行权。（挡它的道你就要倒大楣！）

16，如果敌人正在你的射程内，别忘了你也在他的射程内。

17，从没有一支完成战备的单位能通过校阅

18，必须要装配在一起才能发挥效力的武器装备通常不会一起运来。

19，你作的任何事都可能挨枪子儿 -- 包括你什么都不做。

20，曳光弹可以帮你找到敌踪；但也会让敌人找到你。

21，唯一比敌人火力还精确的是友军打过来的炮火。

22，当你防守严密到敌人攻不进来时，那往往你自己也打出不去。

23，如果你多报战功，那下次你会被给予超过你能力的目标让你去打。

24，专业士兵的行为是你能预测的，可惜战场上业余的士兵占多数，因此敌人的行为大部分是你所无法预测的。

美国的军事强大不是靠士兵用命，而是靠科技，靠钱，更靠有效率的组织系统。这样的兵，如果年轻20年我也去当。

打电话回家，母亲告诉我有一份美国来信，是寄给我的，叫YYM，可能是网友写来的。我问你说的Y，是不是"所以"的"以"旁边一个"女"字，那念姒（SI），中国最古老的姓，不是网友，是在东京就认识的老朋友。

晚上按老姒给的电话打过去，才知道他们全家在费城定居了。老姒是看了我的《一双筷子看东亚》后，在网上搜了我所有的文

章，因为找不到我的联络方式，打电话到《交际与口才》杂志社，费了很大的劲才让人家相信他不是歹徒没有恶意，告诉了我的联系方式。老姒找的不是明珠姐，如果是明珠姐的话，他就不会费这么大周折了。

老姒是个给人印象非常深刻的人，生化学家，我认识他的时候他在东京大学读博士，研究精子，他说"精子其实都是水"，15年过去了我依然记得。我平生第一次滑雪就是老姒领队去的，我们滑了三天雪，从不会到会，从怕到享受，是我最美好的一次滑雪体验。以后两次，一次被救山队从山顶救下来，一次被人从后面撞伤肩膀，之后再没滑过雪。

老姒说我是第一个向他传福音的人，我真的一点都记不得了。我从来不会主动去叫别人信基督，可能是谈到信仰时，我讲了自己的信仰，让他印象深刻吧。老姒现在已经受洗归主，信仰虔诚，我非常感动，不仅因为找到失去联系很久的老朋友，而且因为上帝真的是在我们不知道的地方工作。老姒领队去滑雪的时候还是又红又专的中共党员呢，而且当时玩在一起的那么多人，只有我和他联系上了，这一定是神的旨意，我经历类似的奇事很多次了。我的感动还在于，虽然我不去教会，不参加活动，过非基督徒的灵性生活很久了，但上帝依然没有忘记我，我感受到他的仁爱。

纽约流水

2月24日 2009年

这些日子不想写文，忙是一个借口，没有心情是实情。写文就像弹琴练字，也需要闲情逸志，没有那种情怀硬落笔，字字可憎，不如不写。

奥斯卡昨天终于颁完奖项了，赶在颁奖前，看了《贫民富翁、《米克传》、《生死朗读》、《对话尼克松》、《冰河》、《虐童疑云》、《革命之路》、《换子疑云》。这些影片里真正好的只有《生死朗读》，英文《The Reader》，日文翻译得更有趣：《读爱的人》。好在两个地方，一个是情节，结构没有破绽；一个是令人思考、值得回味的东西实在太多。好的艺术作品就应该是这样的，让人回味，促人深省，这届奥斯卡最佳影片应该是《生死朗读》。但这部电影的争议太大，真让它获最佳影片反而会犯政治错误的问题，在谁都敢得罪就不敢得罪犹太人的电影界，政治正确也是要讲的。

一直感慨自己购书太多读书太少，所以这段时间读完了两本，一本是樊树志的《大明王朝的最后十七年》，一本是都梁的《北平狼烟》。樊树志的《大明王朝的最后十七年》其实是97年人民出版社《崇祯传》的简略本，两书的很多段落都是一样的，一字未改，这里就是出版社和樊教授本人的不厚道之处，至少应该在前者中注明有章节是取之旧书《崇祯传》。都梁的《北平狼烟》写北平的小人物和风俗是一个亮点，不但有趣而且长见识，但写男女之情烂到极点，比三流的言情作家都不如，看着恶心，浑身起鸡皮疙瘩。中国所谓正统派的男作家写爱情不是太凝重就是太轻浮，所有人加起来都没金庸写得好。

中国人写感情写得出色的小说不多，日本人写得出色的倒不少，比如藤田宜勇写熟年之爱就收放自如，不扬不抑，直贴人性，读了他的《流砂》，不可不叹服他对熟年男人的观察细致入微，不过《流砂》应该不是他最好的作品。

写文章就如董桥所说是需要恣意些的，这样才情才能随激情一泻而出。读开高健《地球绕着杯沿转》中的纽约游记，被他夸张的笔法笑倒。他说他在纽约的地下铁右眼看涂鸦而惊叹，左眼看乘客而提防，右手还要不经意的挡在尾龙骨下面，以防被人抄了后路。因为亚洲人皮肤光洁，易成为同性恋者的攻击目标，即使人到中年也不能大意。董桥再怎么恣意也不会写得这么浪，这是两个人的脾性经历所决定的。开高健越战期间作随军记者在越南饱尝世间悲欢，熟睹人间生死。而董桥自始至终没有踏出书斋一步，故前者文不掩质，后者质不胜文，文章都可观，一个雄浑，一个旖旎。

开高健是和大江健三郎齐名的日本作家，但日本相对开高健之才具来说实在太小了。司马辽太郎在开高健的葬礼把开高健比作挖掘机，日本这片土壤经不起开高健这台巨大的挖掘机一挖。如果开高健生在中国会怎么样呢？中国够大够深了，但开高健肯定成不了开高健，开高健最敬仰的作家是老舍，老舍投湖自尽，他特地写了小说《珠玉》纪念，他如果在中国，结局不会比老舍更好。

文字是心灵的慰籍，沉浸在文字中是美好的，但也是不现实的，文字无法也不应该同实在的生活等同起来，但文字还是能够在平淡的生活之湖中激起一圈又一圈的涟漪，给生活带来一抹惊喜。

不美的现实在文字中变美了。

而今年实在的生活又有了些新的变化，一个是乐队的成立指日可待，杜老师的心愿终于可以见到一线曙光；一个是成立了团契，虽然还是以玩乐为主，但因为有查经等信仰因素的存在，团契的约束力要比以往大，两个组织都背负着不少的期待，也背负着不轻的责任。无论期待也好，责任也罢，闲散的生活是再也回不了头了。

纽约流水

3月2日 2009年

三月一日,春天的日子到了,也到了换博客屋子的时候了。一年四季换四次房,也算是应节,相比《吕氏春秋》里的明君每月换房,节省多了。

可下午刚换了房,晚上就下起雪了,望着竹舍,不觉风雅,反觉尴尬。

下午去州参议员马丁·高登举办的中国新年会,在新卓越高中。美国高中的剧院都很正规,像大剧院一样,之前去的另外一所FDR高中也是有漂亮的剧院。但不知道为什么这次新年会灯光、音响效果很差,表演的节目除了一两个还算有水平,其他连业余都算不上。二十个节目都是唱歌跳舞,器乐的竟然一个都没有。

晚上去教会排练,师母问我忙不忙,当然忙,很多事情都还没做,只能缓两天,一一安排。

再忙,练琴总是要练两个小时的,虽然上次演出非常糟糕,可能第一次当着很多人的面弹《平沙落雁》的关系,一开始手抖得厉害,根本无法控制,弹到中段,一下子乱了套,只好把一大段砍掉,匆匆弹了个结尾收场。正应了古人论古琴的话——难学,易忘,不中听。

近日读到前美国马里兰大学民族音乐研究所所长梁铭越的文章,说到古琴历经1687年才完成"体,心,神"的综合体系,是庄子"若一志，无听之以耳而听之以心，无听之于心而听之于气"的实践，是"从耳闻声象到心性意象再到神气命象（vitality）的序列过程，亦即心理学中的前意识到潜意识，再到超意识的三个意识行为。"也就是说古琴音乐已经超越了一般音乐所能表现的范畴，超越了潜意识进入到超意识领域，所以古琴凝聚了中国上千年的美学意识，特别是老庄的美学意识。

梁铭越的文章很可能是对古琴功用一种新的神话，但他提出的观点还是很值得思考的，特别是从体到心，再从心到神，真是古琴一直追求的境界。弹奏古琴就像画写意画一样不可重复，一百遍有一百遍的不同，即使弹到心指如一，人琴合一的境地，当天的环境、心情，乃至天气的温度、湿度都能影响到琴声。这也是琴乐比一般音乐更难欣赏的原因。古琴最终还是弹给自己听的，不是弹给人听的，现在终于理解到为什么子期一去，伯牙再不操琴的原因了。

纽约流水

3月19日 2009年

三月中，天还没暖起来，人气先暖起来了。

波士顿一年一度的行业大会都是在这个时候举行，很多西岸的客户纷纷在开完会后到纽约溜一圈套套近乎。行业大会对我这样的混腔势是没什么吸引力的，加上淑动小手术，更有了不去的理由。但是客户到了纽约打了电话不见也不好，晚上忙完正经事，带他们去艾姆斯特的皇朝豪庭吃晚餐。

席间谈起旧公司的人事，不胜感慨。感慨我那一向精忠报公司的前辈竟然也萌生了去意，还跑去最大的竞争对手那里面试工作。

这个前辈在我来美国之前就是一个部门的，脑快手快脚快嘴快，总之勤快非常。在神户时就承蒙很多关照，到了纽约后，蒙他照顾的地方就更多了。刚到纽约是他去机场接我，是他帮我找到落脚之地，是他带我去纽约时代广场见世面，是他带我去拜访客户……

虽然这个前辈每天工作到最晚回家，工作量是别人的三四倍，但从没看到他抱怨什么，只觉得他是蛮典型的日本人，以公司为家，工作热心加专心。可他和同僚、上司的关系一直相处得不好，在日本时也是这样，一方面是年轻气盛，一方面是性格的原因。他父亲在东京做房地产生意，从小对孩子的教育很特别，饭桌上老是提挑衅性很强的问题，这既养成了孩子敏锐的思维，也养成了孩子挑衅的性格，以至于后来这个前辈将这种挑衅的性格带进工作，无论对同僚，对上司，对客户都带点挑衅的态度，这在以和气为主的日本社会是很难容忍的事。

现在他凭着自己的才干和努力已经升到公司中层以上的位子了。但就在这样的时候，却跑去最大的竞争对手那里寻求跳槽的机会，不得不令人怀疑他在旧公司处境艰难。长期以来到处树敌，结怨太深的缘故，有关联的其他公司都婉拒他加盟，他的这种性格不改，即使到了新公司也还是一样得罪人的。

今天第二次作为嘉宾列席教会的执事会，这让我可以了解美国教会运作的情况，这次执事会讨论钢琴班的问题。钢琴班不是教会组织的，是教会的一个王姐妹私人借用教会的地方授课。本来执事会同意她星期六上午9点到12点使用，但结果她未经教会执事会同意，擅自把时间延长到下午5点，这和本来在此时间段活动的粤剧团发生冲突，执事会多次敦促王姐妹遵守原来的时间规定，但都被王姐妹当作耳边风。在美国教会执事会的权力大过牧师，牧师只不过是执事会聘请的雇员，执事会相当于公司的董事会，牧师就相当于CEO。王姐妹仗着是牧师的亲密朋友，以为可以为所欲为，没想到执事会来干涉。而我搞不明白的是，一件非常简单的事，为什么会弄成这样，为什么会有不遵守执事会决定的教徒，而执事会对这样的教徒束手无策。还是监管牧师有魄力，说如此行为，屡教不听的话，就要动用教会的纪律来革除会籍，任何地方即使如教会这样的善心团体依然还是需要规矩和纪律的，因为总有些人不自觉，即使身为教徒。

纽约流水

6月29日 2009年

六月的纽约，也是梅雨的季节。纽约的梅雨，远没有江南那么缠绵，如西人爽朗的脾气。虽然雨晴不定，倒也干脆利落。即使这样，还是有很多人烦这没来由的梅雨。

六月的前半段忙娱人演出，六月的后半段忙自娱派对。昨天就连着参加了两个派对，一个是在蓝蓝家，一个在教会。

在蓝蓝家的派对吃了很多美食，没想到蓝蓝在时尚方面有心得，在食物方面也很出色，弄的凉粉茶好喝，我一个人就喝了半缸。烤的排骨和三文鱼都很到位，真是了得。而蓝蓝的妈妈——黄月亮同志，一如既往发挥风趣幽默的本色，把一帮老华侨逗得笑开怀。特别是她的出场，充满了惊悚片的要素，她不动声色的抱出一个刚出生的婴儿——豆豆，就在大家都在诧异惊讶的时候，她把婴儿的脸转过来，原来是个酷似真人的洋娃娃。我方才想起，听蓝蓝提过在黄月亮同志生日的时候，曾送了这么个娃娃给他。

因为7点在教会有团契的派对，提前告退，谁知更精彩的事，竟然就发生在我们走了之后。

从下个星期起，每个星期六的晚上活动要搬到新的地方，很多人都舍不得这个地方，因为是在老教堂最后一次活动，于是大家都说要搞个派对纪念一下。派对以游戏为主，几十岁的成年人玩得像小孩子一样。那天晚上，玩了顶气球、踩气球、阿妈救命、找老婆、看图猜字等等，玩完游戏又跳马格丽塔，又跳14步舞，派对散了，我们几个人又打拖拉机到两点。

今天起身已经是中午12点了。先去理个发，然后去老师家搬乐器，下午华语电视要采访老师和乐队。赶到事先踩好的点——44码头，这是个保留了很多老纽约味道的码头。刚到地头，就有个标致的白衫丽人来跟我们说，这是个私人地方，你们有没有得到许可，我说我们以为这里是公园呢。她说你们一定要得到许可才可以。她又问你们在这里表演吗，我说我们不表演，就拍几个镜头，拍完就走。那个白衫丽人说，我没容许你们在这里，你们也不必离开。在一通惊吓之后，马上摆乐器，进入拍摄状态。拍完后，又去时代广场拍了一个小时。来拍摄的田记者，以前在上海东方台工作过四年，真是又敬业又专业。我是陪着玩，她一个人跑前跑后的，可辛苦了，更何况今天还是田记者的休息日，很少在美国看到这么敬业的记者，当然我也见得少。

纽约流水

7月6日 2009年

美国的国庆节有个约定俗成,这一天家家后院都会烤肉,今年我们去新泽西近普林斯顿大学的南郊烤肉。

好友克里斯搬去那里之后,还是第一次去拜访。前一日淑的姐夫把一对儿女送来家里过夜,两个小孩看儿童频道到12点被赶去睡觉,竟然一碰枕头就睡着了。

早上起来去公司转了下,回到家小孩子们已经吃完牛奶泡麦片。收拾一下出门,看一下时间正午过了。小弟弟杰是第一次跟我们出行,因为太小要坐婴儿车椅,我不知到怎么绑到后座上,结果小姐姐颖帮忙搞定。

在八大道"龙宝"取了预订的芒果蛋糕,按照指示从荷兰隧道走一号公路一路南下,因为节假日的关系,道路都很通畅,没碰到堵车,后来了解到从BeltParkway走Verazzano桥的路段堵了一个小时,庆幸虽然绕了点路,但避免了堵车。

在一号公路南下途中,去了一次麦当劳。小孩子们都喜欢麦当劳,因为很多麦当劳有玩耍的设施,可惜那天拐进去的麦当劳没有,买了炸鸡块和炸薯条,小孩子们吃得兴致不高,可出门前还闹着要去麦当劳呢,最惦记的还是玩吧。杰在洗手间撒了泡又长又激的尿,我惊讶四岁小孩子的水库竟然有这么大的蓄水量。后来淑说杰在克里斯家撒了一分钟的尿,小孩子顾着玩,不到万不得一都不上洗手间吧。

车开了一个多小时，在一片玉米田后面找到了克里斯新搬去的小区，很像《绝望主妇》里描写的那种小区，环境优雅静谧，称得上鸟语花香，连空气都是沉静的。我们是第一个到，不多会儿大家都到了，也来了很多小孩子，年龄都很接近，最大的不过八岁。

克里斯的儿子QQ在游艺厅里玩，地上散落着各种玩具。我看到两把玩具枪，子弹是用海绵做成长钉状，一把仿左轮枪，一把仿机关枪，扣一下扳机，子弹还打得挺远的，小孩子们把打出去的子弹捡来给我，让我再打，没跟我抢枪玩，我真成了老顽童了，也从中看出这些小孩子都很有家教，天性淳朴。

克里斯夫妻是典型的中国父母，为了孩子什么都舍得，搬到这么远的地方，也是为了孩子的生长环境。这个社区和纽约最大不同是，小孩子放学后都能玩在一起，不像在纽约小孩子放学后就被关在家里，出去外面玩父母是不放心的。而在社区里很多小孩都玩在一起，像我们小时候在弄堂里和小朋友们玩在一起一样，我一直认为小孩子在成长的过程中，这种每天一起玩的经历很重要。

克里斯也像其他华人父母一样，在孩子教育上倾注很多心血，他让孩子学钢琴，学国际象棋，钢琴弹得相当不错，国际象棋更是拿了很多奖杯，柜子里放也放不下。我本来想不自量力挑战一下QQ，最后一次下国际象棋都在20年前了，那时在读高三。而QQ本来接受我的挑战要和我大战一番，但经不住后园草坪玩耍的诱惑，把我们的约定忘得干干净净。

克里斯家的后院有一块非常平整而且大的草坪，看到这草坪我就想起在上师大的草坪踢足球的场景。草都是绵绵软软的，摔一跤都舒服。小孩子们在这里抱着球追来追去，拉着风筝跑来跑去，男人们带了棒球手套玩接球，女人们围着餐桌謦欬，我也玩了把风筝，虽然没能把风筝放得很高，但也过了把瘾。

从下午一点半玩到晚上九点，吃了两顿烤肉。烤的牛仔骨最好吃，西瓜就一般，可能季节没到，西瓜都不甜。一个来宾做的巧克力裹草莓倒是不错，我这个不太吃草莓的人都忍不住多吃了几个。

大家都玩得很尽兴，尤其是小孩子，听到要回家都不愿意，对他们来说这样"疯"的机会也太少了。倒是我们那两个小姐弟很大人，说声回家了，就去找鞋穿，没有闹情绪。可能这两个小家伙从小就跟父母经常出游有关吧。

回家的路上，天色虽然已经暗下来，但夕阳的一抹余辉照得云层红彤彤的，驶过玉米田，上了一号公路后天就完全黑了。开进NJ TPK后只见高速公路两旁不时有火花冉冉升起，绽放，消失，今年的国庆节就这么度过了。

纽约流水

8月15日 2009年

纽约流水不知不觉停写一年了，没什么特别的缘故，只是觉得似乎写得多了，没新鲜感了。

纽约的小笼包还真只有上海老饭店的口味最原汁原味，和我在嘉定上学时吃过的味道没差多少，皮薄馅滑汁多。老饭店又推出一些苏浙菜系的经典，比如宋嫂鱼羹、蟹粉狮子头什么。宋嫂鱼羹好，鱼肉嫩滑，羹汁不稀不稠；狮子头不好，肉柴了，没有粉嫩多汁的感觉。除了这两样还点了一笼小笼包、一碗小馄饨、四块糍饭糕。很多这里的朋友不喜欢糍饭糕，我每次去老饭店都点糍饭糕，纽约似乎也只有他们家有做。糍饭糕是从小吃到大的街边小食，喜欢它外焦内嫩香软绵糯的口感，对不喜欢的人来说糍饭糕的味道确实寡淡了些，但对我来说已经是浓郁得化不开。

吃糍饭糕的时候，淑拿给我看一张钟点工的名片，除了清洁之外还可以带小孩，中间还有一行"Se Hablo Espanol"，我猜这是"会讲西班语"的意思。我刚到洛杉矶的时候，看到墨西哥移民很多，想学西班牙话，学的第一句就是"Tan Hermosa, Te amo"，讲给公司里的墨西哥女郎听，她们笑得腰都直不起来，现在只剩下每天早上见到楼里的管理员问他

"Como esta？"

"Bien，Senor！"他大声回答。

有时他见到我问：

"Como esta？Senor！"

"Bien，Bien，Mucho Bien！"我连奔带跑回答。

现在很后悔当初在大学第二外语没选西班牙语，可以说是到目前为止最失败的选择。我那个西班牙语超强的大学，很多教西班牙语的老师就是来自西班牙的神甫，当初没选西班牙语选了日语，一个是想投机取巧省力些，一个是真不知道西班牙语在世界上竟然有这么多人说，竟然在美国这么有用。那时没有这个见识，孤陋寡闻，错过学习西班牙语最好的机会。

从老饭店出来，在伊丽沙白街的中药铺买了几个拔火罐，去了唐人街西面的公寓区。淑的姐姐刚刚在那里买了套公寓，20楼两房一厅，60万加10万装修。小孩子在附近的小学上学，这样就不用每天赶来赶去接送忙。

月底要去福冈，约了朋友在中城四点碰头，坐D车换N车迟到了半个小时，碰头后坐出租车从5大道57街到下西城的三角区，车资12元。朋友要去的那家意大利餐馆Locanda Verde，又是一间罗伯特德尼罗出资的餐馆，五点半营业。时间尚早，坐吧台喝德国西维兹（Schneiderweiss Hefeweizen）啤酒，甘醇清冽，口感和日本啤酒，美国啤酒都不同，不单单和酿造的水有关，更可能和啤酒酵母的有关，苦涩味基本没有。

五点半刚过，前台小姐就把我们引到窗边的桌子。桌子都是用原木制成，不粉不漆，原木的纹路毕见。侍者拿来菜单，和别家稍有不同的是多了Crostini这个前菜的前菜，竟然也有四项选择。意大利餐除了面食也想不出什么好吃的，菜单看得也稀里糊涂的，我点了Trofie with basil pesto, gaeta olives and parmigiano-reggiano。主要是看到parmigiano-reggiano还有点眼熟，是著名火腿Parma地方的奶酪，名气一直很大，据说Parma地方猪肉之所以美味和这个有关。

Trofie是花样百出的意大利面食一种，像天津的麻花，面条缠绕在一起。面食真的不错，没有令人失望，很清淡可口。

从餐馆出来，打算走路去苹果在苏豪区的店。三角区这个地方很少走，当然开车时常经过，但走路还是第一次。走路可以看到更多街边的细节，那些悠悠岁月留下的沧桑痕迹，从三角区到苏豪区竟然这么近，三步两跨就过去了。苏豪区也是一个开车多过走路经过的区，苏豪区现在多出很多餐馆酒吧服装店，比我刚到纽约的十年前优雅漂亮很多。这些变化是好的，潇洒中透着些慵懒，那是时间抹不去的历史陈迹之慵懒。

纽约流水

10月3日 2009年

这日子晃到十月总算有了点秋的意思，蓝天湛湛，娇阳脉脉，凉风习习。这日子如果不出去晃一圈，岂不是白白辜负好时光？

坐地铁到cannel街站下，走出地面，就见人潮汹涌，胜似南京路。cannel街和南京路一样，本地人甚少逛，行人多是来自外埠。本来沿街的铺子几乎都卖假名牌包，经纽约市政府力打，一些店关了，一些店做起规矩的买卖。但依然看见三四华人，手拿包包图片，不动声色地招揽买家。

本来想去大旺喝个粥，啃几块烧排骨，无奈人满为患，排队长龙见尾不见首。改去旧老正兴，要个雪菜烂糊面，说没有，要个土豆炒肉丝，说今天不做午餐，只好离店另寻他处。老板娘追出来把我带到新老正兴，也是人满为患，还是去隔条街的上海老饭店，要了小笼包、糍饭糕，说糍饭糕没有，改了小馄饨。

一番周折午餐毕，又坐地铁去时代广场，也是人山人海。中国画家依然沿街摆着小摊，给人画像，黑人小贩依然吆喝着"I Love NY"的恤衫。满大街的人都在嚓嚓拍照，我也嚓嚓拍了几张，不知道谁落入了我的风景里，不知道我落入了谁的风景里。

45街的Bookoff是此行的目的地，上次来太晚了，店正打烊，一只脚刚踏进门，另一只脚就被店里的おばさん（大婶）喊回去了。这次能够有时间慢慢细看，结果发现一个"新"人——松本侑子，以前是朝日电视台的女住播,不但人长得美还非常敢写。买了两本《性遍历》、《罪深い姫の物語》,又看到了开高健的书,这次有他在1960年访问中国的游记,他笔下是如何描述那个时代的,很值得一看。其他又零碎买了几本。

　　回到时代广场车站的时候,原来吹排笛的墨西哥人不见了,换了个弹吉他浓妆艳抹的女郎,可声音好粗狂啊,一点没有女性的柔和,可围观的人比墨西哥人那会儿多。

疫情中的纽约流水

3月7日 2020年

明师前几日问我在忙什么,我知道问下之意。

2月底,明师授我一把刻刀数方印石,嘱我跟他学篆刻。回家后,苦战数日,捉刀握石用力总不得要领,最基本的直线都刻得如蜈蚣爬,暗萌退意。

近顷,国内疫情方兴未艾,纽约华人将口罩等保护物质抢购一空,运回国或救灾或济亲。当下,疫情在美国蔓延,一罩难求。淑托友在其工作的药房购得一盒N95口罩20个,我们将靠这20个口罩渡过疫期。

作为全美人口密度最高、流动人口最多的城市,纽约早晚会出现疫情。没想到的是,第一个案例是一个50岁的犹太人律师,家住维斯切斯特,上班在曼哈顿,他所在的犹太社区成为重灾区,除了他一家四人,朋友邻居都被感染。另一个没想到的是,父母的家庭医生竟然是华人里第一个感染的,作为把去看医生当上班的两老,本来以为万难幸免,所幸的是这个医生是在离开诊所,去曼哈顿进修时感染的,诊所里的医生护士病人都没影响。但即使这样,诊所还是宣布休业14天。

休业的诊所现在还是个案,休业的酒楼恐怕就不是个案了。在还没有疫情时,很多华人酒楼就只做早午市,不做晚餐了,唐人街餐饮重镇金丰酒楼被取消了千单订单,布鲁克林的金煌酒楼宣布休业两周，这些靠宴席赚钱的大型酒楼在疫风横扫下无可奈何。

本来从去岁暮秋开始，景气一直不好，如今更是雪上加霜，这个时期不要说扩张成长，就是活下去也已经是艰难。岁月静好时，自负有泰山压顶的淡定，内忧外患下却如充足气的气球，一戳就爆。感叹修行还是没到不动心，明师关照的功课，没有精神应付。

这段诸事无精打彩的日子，也不是无所事事，答应为友人之诗《他乡的雪月风花》谱曲之事总算完成，也算是自救沉沦之举。环境艰难，更当勉力而行。

疫情开始前，七堂已经停止了各种活动，疫情开始后，花道课、书法课、国画课都取消了。华人怕被感染，老外倒是不怕，一个老外的厨师团队月底要在七堂办四场雅宴，我问他们的leader怕不怕COVID，他说不怕。

疫情总是会过去的，生活总将一如既往，上次准备给戴晓莲老师喝的牛栏坑肉桂最后没喝上，现在就泡上，满屋生香，茶汤甘醇，"牛肉"真不是虚名。结束此文时看到纽约宣布进入紧急状态，感染人数76人。

疫情中的纽约流水

3月8日 2020年

牛栏坑肉桂的汤色变淡后，放陶壶里又用电磁炉煮了一遍，这次汤色没有变浓，茶叶的内质基本都泡完了，可香气依然馥郁，虽茶淡如水，香气依然袭人。

今天是三月八日，夏令时开始，天色暗晚。本来打算练下琴习下字，校订一下新书的书稿，结果什么都没做，除了刷屏睡觉就是看书了。

在朋友圈看到两则有意思的贴子，一个是家住宾州曾在七堂学过古琴的C8H11NO2，一个彪悍的奇女子，戴口罩去车管局办事。因最近各地仇视带口罩的亚裔事件频发，她特地在手提包里藏了把枪，她有隐蔽携枪证，临行还在朋友圈发了个荆轲壮行式的视频。结果到了车管局后发现，虽只有她一人带口罩，但大家对她都没投以太多关注，直到办完事都没人出来仇恨一下，枪也没用武之地。

另一则是来自七堂曾帮助过的青年艺术家邓林杰。他的一个朋友生病后去医院检查，查出有冠状NL63RNA，虽不是新冠病毒，但检测的项目里没有新冠病毒一项。朋友要求检测，被医院拒绝，理由是年轻不需要测，同样被拒绝的还有另外三位病人。纽约市规定只有老年人和有潜在病毒感染危险的人才能测新冠病毒，其他人要测的话要向CDC填表申请，等检测通知要10小时以上。于是这个年轻人按照市府宣传的打311求助，311说继续给医院打，或打健康热线。皮球踢来踢，跟宣传的完全不一样，令人绝望。

这两件都是疫情中的小事件，却颇具代表性，作为个体的人保命是本能，当这个本能跟更大的系统惯性发生冲突的时候，结局难料，不确定性很大，能做到和预期结果一样的人才堪称智者。

看日本电视台采访路人怎么预防新冠病毒，有一个老人说吃咖喱饭，理由是印度人吃咖喱才不感染病毒。先不管印度的咖喱防不防病毒，日本的咖喱饭其实并不是传自印度，而是传自英国。当年首任印度总督沃伦·黑斯廷斯将咖喱的配方卖给伦敦的食品店C&B，由C&B做成咖喱粉给王室专用。后来这个咖喱粉就和正山小种红茶的流行模式一样，自上而下在英国社会流行起来，民间形成星期五晚餐吃咖喱饭的习惯。这个习惯也成为英国海军的习惯。全般照抄英国海军的日本海军也因循在星期五吃咖喱饭。此后咖喱饭又传到日本民间，传到民间的日本咖喱粉已经和C&B的配方不一样，成分除了辣椒粉之外基本都是中药材。对气味敏感的日本人能接受咖喱，跟日本人熟悉中药材味有密切关系。

不管咖喱防不防病毒，出行不便的时候煮一锅咖喱是既方便又营养又美味。今天虽然不是星期五，但我们今天吃咖喱饭。昨天去家附近的Key Foods买了一盘HALHAL牛肉，4.99/磅，这个HALHAL的牛肉价钱和同类非HAL牛肉一样，看中特标的"新鲜"两字。煮后发现还是没安格斯牛肉好，可惜安格斯牛肉没货。昨天的超市没人戴口罩，货架都是满的，这也是我不囤货的原因，不怕断货，明天周一商店会补货，去看看有没有消毒液或酒精卖。

疫情依然在蔓延，纽约确证105例仅次于西雅图136例。看到有同行发出通告，明天谢绝有发烧咳嗽的人入店，每家客户限制一人入店。八大道附近的大型酒楼迎宾和翠园继金煌后也歇业两周。华人饮食业生态环境严峻。

3月8日对中国人来说可能只是一个妇女节，但对旧苏联俄罗斯人来说是个大日子。俄罗斯移民社区的餐馆，历来3月8日这天的生意好过情人节，堪比母亲节，中俄虽然都有三八传统，似乎俄罗斯人更接地气些。

在很多华人选择居家避祸的时候，七堂的古琴老师小白小胡还在坚持授课，特别是小白，纵贯整个曼岛，从上西城赶到下城的七堂上课，职业精神可嘉。

疫情中的纽约流水

3月9日 2020年

早起，微曦，一轮明月斜挂寒枝。月又圆又亮，天色宝蓝，若置身迪斯尼动画中。

自然之美与人世间的纷杂丝毫无关。昨日睡前又闻锅大爷、新发饼店歇业，疫情还没爆发，八大道的店铺已纷纷关门了。想想关门可能是业主两害相较取其轻的选择。如果店铺真的中招，消毒、员工安置等等麻烦暂且不论，信誉上的打击岂是一下子就能复原的？宁愿现在歇业避风，风头过后再开，不失为明智之举。只是并没听说华埠法拉盛有哪家餐饮店歇业，或是布鲁克林的华人更惜命怕事。

早上有新闻说纽约市将为这次疫情中受损的小商户提供无息贷款，雇员100人以下\$75000，6人以下\$60000，但新闻里并没有给出具体的申请方式，弄不好又是白市长派的空头支票。

普林斯顿、哥大都已停课，提前进入春假。很多在曼哈顿的公司或已经或准备让员工在家里上班，大家都尽量避免利用公共交通。当然也有没什么事也要出门逛一下的人，比如我家两老，今天就去老人中心上英语课了，估计和他们一样热心学习的老人不少，年纪越大生活习惯越难改变。

下午去华人超市买菜，看见戴口罩的人突然多了起来，似乎布鲁克林戴口罩的都跑这里来了。每个收银员都戴口罩，超市里上货的员工也都戴口罩和手套。口罩五花八门都有，没人戴N95，最多是医用口罩，很多人戴的口罩并没防病毒效用，也就是戴个心理安慰。

今日气温如初夏，街上很多老外不论男女都已是短裤汗衫打扮，这等生机勃勃之势，新冠病毒见了也会惊得抖一抖吧。路过一指甲店，细看无论店员还是客人无一戴口罩。纽约的指甲店是华裔或韩裔天下，布鲁克林的指甲店更多是华人在经营。这家指甲店的店员明显是华裔，但都没戴口罩。其实平时指甲店的店员在给客人涂指甲油时会戴口罩的，今天不戴不知是否有意为之。

这些日子一直在读哈密尔顿，今天读到1793年8月费城曾经被黄热病肆虐过，其中描写有人用醋浸泡手巾捂住鼻子，有人大嚼大蒜，行人走路都走中间以免接触到人，见面当然就更不会握手了。那时不但费城被黄热病肆虐，纽约也被黄热病肆虐。也正是在此黄热病之后，纽约人认识到，华尔街周边的街道都太憋窄扭曲不通风，加速了传染病的传染。所以之后在纽约城市规划中，不再造路如羊肠，都采取棋盘格，并规定东西向的马路四五条后必有一拓宽的马路，从此纽约人不再因不通风而感染上疾病，如此街道分布格局，大大降低了传染病传播的风险。那次黄热病之后，纽约有钱人纷纷搬离华尔街附近，在更北面的现在苏豪及格林威治构建新的居住区，从此彻底改变了曼哈顿的地理地貌。

早上股市自08年后第一次熔断，纽约感染人数增加到142，气氛越来越紧张，公交系统也呼吁感觉不适的乘客尽量不要利用公交，地铁会三天消毒一次，纽约市又将面临一次考验。

虽然全球都在被新冠病毒袭击中，物流还是在正常流动。中国疫情爆发后订的温州皮纸今天到了，这批皮纸从一个疫区跨到另一个疫区。

疫情中的纽约流水

3月15日 2020年

昨天晚上，小白告诉我，今天下午三点有两个学生要在空间上琴课，约好两点到他上西城的家接他。

出门后一路堵，从家里到炮台隧道竟然用了近一个小时。好在过了隧道后的West高速还算顺畅。

一路沿赫德逊河北上，河滨跑步打羽毛球散步的人不少，似乎连日来愈发严重的疫情，对曼哈顿居民影响不大，而且人们个个脸色红润，笑容灿烂，生活美好。

到小白家已经是两点半了，接了他后经125街上FDR，125街算是哈莱姆一条主街，十年前我来这里时，街上大多数是非洲裔，沿街售卖劣质香水，混杂着汽油味汗味，和炸鸡腿味，味味令人窒息。非裔大叔们还酷爱音乐，摇滚、嘻哈此起彼伏，声声刺破耳膜。今日经过，街上浅肤色的人多了，黑肤色反而不太显眼了，劣质香水味也没有了，震耳欲聋的躁音也没有了，一种失足少女从良的感觉。

下FDR到七堂门口，正好三点，第一个学生约翰在门口背琴以待。这个从小就是武痴的ABC，正在向琴痴过渡。

唐人街比昨天似乎人更少，店铺大多开着，想着要买蒜葱姜，就在一家临街小铺买了，又在隔壁的饼店买了四个面包，一块一个，想买红豆烧饼，却已卖完。

从布鲁克林桥回家，一路通畅，去曼哈顿的高速路依然堵，不愿呆在家的人依然多。

回到家后收到市府发的短信，全市公立学校从周一关闭，3月23日开始在家上网课，市府会提供照看小孩的服务给医疗公交行业。

从明天开始越来越多的人呆在家里了，真正的考验才刚开始。

疫情中的纽约流水

3月17日 2020年

早上下雨，小雨，淅淅沥沥，下到中午不下了。昨日和父母约好带他们去八大道买杂粮，前些日怕他们外出不方便，就让母亲写个单子，我去买，结果昨日看了那写了十几种杂粮的单子，有点懵，最后还是决定带他们去，让他们自己选买，以后再要补的话，我去补。

接了父母去八大道，途中，他们又去老年中心买了午餐。老年中心的午餐$1一份，营养还算均衡，一周提供四日。去的时候尚早，餐还没到，先买了票去八大道买杂粮，趁母亲选购杂粮期间又送父亲领餐，一来一回没花多少时间。

车停58街，不久就有个位置，停好车，我也去逛下街。街上关门的铺子比前几天多，街上的人却一点没少，还更多。加上八大道57街处有施工，来往的车辆挤作一堆，更增添了繁忙景象，如果不是路上行人多戴口罩，真会怀疑这是在疫情蔓延中吗？

58街街角处，本来有两个卖水果蔬菜的路边摊，现在空有摊位，人去菜空，只留下一些菜价牌。折进一家菜铺，买了三个茄子、一根萝卜、一袋青菜、一片冬瓜，$7左右。又转进隔壁的饼店，饼店的座位都用胶带封起来了，上面写着"政府规定，谢绝堂吃，只准外卖"，买了两个面包两个葡式蛋挞。又跨过马路，在一家店铺前买了一盒卤蛋（10个$3.50），一盒卤猪蹄$4。

在人群里兜兜转转，买的都是吃的。想买个温度计，看到一家药房，门上贴着告示，意思是拿药的客人请敲门，在门口填表后，由里面的店员拿药递给客人。这家店员好怕病毒，竟然这样处理拿药，显然是不让人入内。转到另一家药房，大门洞开，没人在门口阻拦，问店员有温度计吗，店员说只有测耳朵那种，其他都卖完了，没想到温度计也成了紧俏物资。

此时两老也菜买妥当，上车回家。在街上看到不少货车，有些还整板整板卸货，一派生意兴旺的样子。

回家后，吃了面包，练箫读书，偶尔刷下屏。看到朋友圈里青年剧作家朱宜的动态，不禁生出几分敬意。这个看似文静实则行动派的小女生，总是创意满满，这次不满禁足家中，竟想了个每日从脸书好友中选两人一起在Skype闲聊20分钟的点子，这些闲聊的故事很有趣，试摘译如下：

郭蕾和她女儿。郭蕾，波斯顿媒体研究教授，我和她女儿互相炫自己的心头好，她炫了喜欢的玩具和书，我炫了You Never Touched The Dirt 里（去年上演的，朱宜编剧的外百老汇剧）母羊和小羊道具。蕾现在在网上教课，今天她们的户外活动是去楼顶，我答应寄一些小孩的口罩，这些口罩是从国内一个朋友那里碰巧拿到的，蕾的女儿很期待这些口罩，这样她就可以戴口罩在外面玩了。

Pixy廖，一个住在布鲁克林的艺术家。她和她丈夫一个星期没下过楼，我们讨论了度过灾乱期的最佳家庭构成，一个人，两个人，还是更多人，大家都同意答案是两个人，而且两个人的防感染想法必须一致。她告诉我会有两个展在加拿大和瑞典，希望不会被取消。我了解了一个视觉艺术家的日常，她帮我头脑风暴了我一出戏的剧情，我们都承认我们的创作力要比平时低，我们都太渴望按快进键看这场危机了。

Nadia郑，专注于肖像和活动的摄影师MG，一个交响乐和游戏音乐的作曲家，住在蒙特利尔。Nadia在疫情开始前就避开客户，MG日常工作没有影响，但巡演取消了，所有音乐家都失业了。他们告诉我政府不给有症状但没去过中国的人测试，所以官方公布的数据不真实。一些本地和唐人街寺庙的雕像被破坏，有个年轻华人当街被刺。他们注意到他们的消费习惯迅速改变了，前些日子他们在一家超市尝了一款好吃但很贵的蛋糕，最后没买，现在突然决定买。MG的父亲多年前从法国搞了瓶和MG一样年纪的古董红酒，他们一直想找一个特殊的日子开来喝，昨天他们开了喝了，还有什么日子比疫情更特殊呢。

Jenifer姜，芝麻街制作经理。我们约会"晚餐"，我上次和她联系已是六年前了。最近她搬到皇后区在家里工作。午餐的时候她去泰菜馆买了两份外卖，一份留到晚上吃。我们聊了川普的中国病毒推特，她担心自己的安全，我们都远离家人一个人生活。我们交换了防范抢劫、仇恨罪和感染的小经验。她两个洛杉矶朋友一个曼哈顿同事感染了，她感到感染的风险越来越大，离她越来越近。她曾经是电台主持，现在想开直播，分享疫情中的经验和寻找安慰。我分享了怎么从技术上开始直播。

疫情中的纽约流水

3月22日 2020年

In New York City, there have been 9,654 positive cases of COVID-19 and 63 deaths, a spokeswoman for Mayor Bill de Blasio said Sunday afternoon. Those positive cases include 2,715 in Queens, 2,072 in Manhattan, 2,857 in Brooklyn, 1,411 in the Bronx and 593 in Staten Island. As of 6 p.m. on Saturday, at least 1,450 people in New York City were hospitalized with the virus, at least 370 of whom were in ICUs. None of the 63 people who died were 44 years old or younger, de Blasio said his on own news conference Sunday afternoon.

这个是今天NBC电视台纽约网站的疫情数据统计，到昨天下午6点为止，纽约市确诊9654人，布鲁克林依旧以2857人排在感染人数第一。

昨天中午收到一条短信：Coronavirus drive-thru testing in Bklyn for those with symptoms.

Call 844-NYC-4NYC for appointment. Be safe, stay strong. –Assemblywoman Nicole Malliotakis。

通知了在布鲁克林开车检验新冠的申请方法，就是要测试必须打电话预约，而且必须要真有症状才能打电话。

有消息说纽约确诊人数大增，是因为联邦把检测盒优先给了纽约的关系，随着检测盒的普及，其他州也会像纽约一样确诊人数暴增。先不管是不是纽约优先得到检测盒，从这些天纽约人的乐观劲看，感染人数继续暴涨不会只是推测。

感染人数突然增加，必然会给医疗资源带来供给困难。纽约现在很多医院也像武汉当初一样，向社会求援，医护人员自制防护品的照片也开始在网上流传，一切就像历史在重演。唯一不同的是，纽约没有陷入混乱，大型公共空间，比如贾维茨展览中心，以及州立市立大学都在被改装成医疗应急病房。

有朋友今天去JMart购物，据他们讲今天进场时，有超市职员给进场的人发口罩和手套，昨天我去时，这些措施还没有。是不是超市的老板看到这些天在朋友圈流传的视频而受启发呢，在这个视频里法拉盛某家超市给进门的顾客发口罩和手套，还喷消毒液。昨天路过Costco时看到停车场依然停满了车，购物者在门口有秩序而松散地排队，本来也想加入再买些什么的，但平生最怕排队，最后还是一走了之。

虽然今天一天没出门，但时间依然不够用。读了几篇庄子，练了两遍大胡茄，其他时间都在看白夜追凶了。

今晚，七堂将在内部调试直播，希望不久七堂的直播节目可上线。

疫情中的纽约流水

3月23日 2020年

早上醒来已是11点多，窗外雨淋淋，当然前晚睡的也晚，一边刷手机，一边刷完白夜行凶。这部剧潘粤明把双胞胎之间的差别演得细妙入微，比如哥哥的习惯动作是摸下巴，弟弟的习惯动作是摇一下头，这种标志化的演技虽然有些刻意，但演哥哥时收一点，演弟弟时放一点，在神态气质上有差别不失为高明的演技。这部剧还是有国内剧普遍有的拖沓毛病，觉得和正在演的《重生》在品质上没太大差别，但前者评分9分，后者7.5，难道是观众的审美在两年里一下提高了？

今天读到《吕氏春秋》的《察传》："夫得言不可以不察，数传而白为黑，黑为白。故狗似玃，玃似母猴，母猴似人，人之与狗则远矣。此愚者之所以大过也。闻而审，则为福矣；闻而不审，不若不闻矣。"

今天大部分人，无论中外，不管东西，闻而不审者多，也就是听了看了流传的帖子视频，不加思辨信以为真。前一阵有一个视频说纽约地铁，在入口处装了检测病毒的仪器，感染的人马上可以检测到。结果这个视频在朋友圈和群里到处传，我还收到好多朋友私下转给我。其实只要用常识想想，新冠病毒检测时间缩短到45分钟都可以成大新闻，而且纽约这么多人排队等检测，更有不少人欲测而不得，一个装在地铁入口处的仪器就能马上检测新冠病毒？这种显而易见的谣言，还传爆了朋友圈，有多少人是不审啊！往细处想，传谣的人有两种，一种是真信，一种是不置可否的看热闹心态，大多数谣言都是后者以看热闹的心态传起来的。有些谣言容易辨识，有些就是专业人士也难辨识，但绝大多数的谣言都是可以用常识辨识的。吕氏春秋的这篇察传也说："凡闻言必熟论，其于人必验之以理"，今人之智远不及古人啊。

疫情流行期间，也是谣言纷起之时，辨别真伪还是有办法的，一看传播的媒体是否有公信力，一让子弹飞一会儿，清者自清。

行云山房的两床琴送到了，一仲尼，一伶官，感谢小陈还塞了不少医用口罩，有这些口罩应该可以度过疫期了。

晚饭前练大胡茄，用新到仲尼弹梧叶舞秋风，伶官弹梅花三弄，前者朴讷，后者清亮。饭后取观妙琴弹渔樵、流水、乌夜啼、长门赋、龙翔操。

疫情中的纽约流水

3月24日 2020年

纽约的三月阴晴不定,昨日阴雨霏霏,今日艳阳高照。从疫情开始到现在,两周过去了,这些天确诊的人数翻倍在涨,这和检测能力不断提高有关,每天能检测的人越多,检测到的阳性就越多。根据今天下午5:00的统计数据,纽约累计确诊15597,其中皇后区4667,布鲁克林4407,曼哈顿3013。两周前疫情严重的曼哈顿,现在已经不那么被瞩目了。

经过纽约大学附属医院时,看到急救人员还是没有防护服,也没有戴口罩,医院急诊室的护士戴上了口罩穿上了防护服。

好几个本来已经停业的客户现在又开了,而另一些开了段时间的客户却选择了关门。应开门客户的要求,今天给他们补一些货。本来想用私家车送,但货量还蛮多的,一台本田的面包车给TAKA开走了,公司里有的只有Van。很久没去公司,到了公司看到厕所里存放的一大包厕纸没有了,肯定是被谁拿走了。厕纸荒无远弗届,鄙司厕所也难逃一劫。

取了货上278高速,过炮台隧道后就开始堵,一直堵到布鲁克林桥前面。想政府不是不让出门吗,怎么和平时一样这么多车堵在一起呢?原来是在布鲁克林桥前修路封了只剩一条车道,后面都非常畅通,包括平时每天最堵的荷兰隧道都很畅通。

在新州95公路往北开的时候,Van的电池灯亮了。2013年的

Sprinter车都有电路问题，可能又是微电脑哪里搭错电路了，没太留意，但之后一直没熄火，怕熄火后就打不着了。

从新州回纽约过华盛顿桥，走87公路过三区大桥进皇后区再进布鲁克林。一路上车辆不少，但和平时差远了。交通情况就像疫情前平时的那些州府城市，比如纽约州的Albany，康州的Hartford，路上车不少，但不会堵，而且车速不慢。

新州几个小镇街上人很少，一些规模不大的Shopping Center几乎没有人，气氛安谧。反倒是布鲁克林的街上行人依然不少，一些咖啡店门口还有人聚堆。看到一招牌写着"雅典市场"的门口坐着一些老人，布鲁克林有希腊裔社区，希腊裔超市和餐馆都不大。

布鲁克林街上的行人和平时有变化，看到在路上走的人都几乎有口罩，但没戴，或挂在耳上，或拎在手里，或拉到脖子下，他们都只在人多的地方戴，到空旷的街上就不戴了，毕竟戴口罩不习惯。

Van开到Bayridge PKW靠New Utchen Ave时，仪表盘上的灯一个个亮起来，最后仪表盘暗了，引擎停了，车抛锚了。确认再发动不起来后，打电话给修车的阿青，阿青说可能发电机坏了，他联系了拖车公司。一个小时后拖车来了，此间车辆来往不断，说好的禁足在家呢？大巴似乎比平时还多，很多大巴上没有一个乘客，有几辆坐了不少人，没见人戴口罩，而且也没有保持社交距离。

拖车司机戴着两个口罩跳下车来，光头壮实，肌肉鼓鼓的手臂上有淡淡的刺青，干活非常麻利，没有多余的动作，几下就把Van拖到拖车上了。先送我回公司，然后把Van拖去车行，阿青说明天开工，应该可以修好。歇了一周后一干活就出状况，就像忙惯了的人，停下后就一场大病。

疫情肆虐中的纽约，按下暂停键的纽约，似乎一下进入了一个全民放长假的状态，一种感恩节圣诞节新年被放在一起延长的状态。街上安静，车流井然，行人从容，市面上的纽约一派岁月静好的样子。

疫情中的纽约流水

3月25日 2020年

乍晴乍阴乍雨,天气一天一个样,阴晴不定。纽约的疫情没有不定,而是变得更严峻。皇后区今日早上9:15分确诊患者达5066,布鲁克林4656,整个纽约16788人。数字看上去很灾难,但街上和平时真没什么不一样,车流不息,行人如常。

今日出门两次,一次是客户来取货,一次是修好的Van回库。修车行其实也停业了,虽然我不急着用车,但他们还是当作紧急事情来处理了。好在纽约的居家令靠自觉,执法也不严,没有那么多小区大妈大爷协助执法,靠这么点警察也没办法严格执行。生活上也没太多不便,真有事要处理也都找得到人,一呼就应,没有因疫情推诿,就像我不会回绝我的客户一样。

回家在车库遇到同楼的捷克邻居,他是曼哈顿好几家高级餐馆的经理,告诉我纽约有个著名的厨师今天因新冠肺炎过世了。我没听过这个厨师也不知道他开的餐馆名字,回家后查了下,原来是印度裔厨师Floyd Cardoz,在Top Chief的比赛中得过 " Top Chief Master",在纽约开过Tabla, Pao Walla, Bombay Bread Bar,无论哪家我都没去过。他的过世在纽约餐饮界震动很大。

纽约人也开始怕新冠病毒了,楼里每天负责打扫的保洁工开始戴口罩了,二楼心脏搭过桥的壮汉老美,溜狗外出时戴口罩了,说话也开始保持社交距离了,乘电梯时发现电梯里的按键都清擦过了，希望这种警觉的意识能把传染速度降下来。

看到一个笑话，不知道真假，说是某城犯罪率降到零，但夫妻打架案件过万。我在的一个以年轻白领为主的段子群里，确实有人在找离婚律师，而且有这个需求的不止一个。疫情发生后很多人失业了，对留学毕业后留下来的年轻人来说，失业的同时也意味着失去合法身份，没钱没身份，失去保障的婚姻最容易触礁。

提到失业没收入，我那个有两个上学儿子的捷克邻居很想得开，他说命比什么都重要，此时此刻健康最重要。

我继续喝我的龙井，每天喝。茶里面绿茶的茶多酚含量最高，而明前龙井的茶多酚含量更高。茶多酚消除自由基，能把病毒的危害降低。

疫情中的纽约流水

3月26日 2020年

今天纽约又晴了，一天晴一天阴，阴晴轮换着，日子一天天过去了。

阳光明媚，街角的玉兰花盛开，玉兰花的花期好长，已经两周了，依然花团锦簇，长开不败。以前没有留意到，玉兰花的花期会这么长，日子还是过得浮躁了。相比现在沉静的日子，浮躁的日子隐约更让人踏实些。

今天是周四，但街上的行人比往日更少了，仿佛是在长周末中的一日。巴士依然免费，巴士站也有人在等，等的人里面没戴口罩的人还是多。

去5大道的银行存支票，刚进门就看到20美元散落一地，两个白人老太太在相邻的机器前取钱，有一个老太太不小心撒了。一个说我取了钱帮你捡，一个说不用自己捡。两个老太太都没戴口罩，等一个取完钱，一个也把地上的钱捡了起来。取了钱的老太太，对捡完钱要出门的老太太说，今天阳光真好，花都开了，如此安静的纽约才是纽约原来的样子。要离开的老太太灿烂一笑说对啊。

表面平静的纽约，正滑向形势更为严峻的境地。到今天下午5:00为止，纽约确诊的人数到了23112人，皇后区7362人，布鲁克林6095，曼哈顿4046。政府今天将对部分地区的街道实行封街，我猜测这些被封的街区可能是感染最严重的社区。

七堂的团队这几天一直在试不同的平台准备直播，先后试了

Google hangout，Duo，facetime，钉钉，Skype，目前还是Skype比较满意，但还是要调整。接下来几天开始内部测试，希望七堂的新项目不久就能上线，和大家见面。

疫情中的纽约流水

3月27日 2020年

今天依然是晴朗的一天，开始变暖了，也应该变暖了。街上更安静了，越发频繁地听到救护车在远处呼啸而过的声音。早上路过纽约大学附属医院的急诊室，看到门口停了七辆救护车，这些天都是这个状态，但比起艾姆赫斯特的社区医院，状况好多了。

布鲁克林是纽约重灾区中的重中之重，街上停业关门的商铺也越来越多，街上行人车辆也日趋减少，阳光下的街道安谧，却不乏活力。

有传言说下周起，更多华人大型超市会停业，抱着宁信其有的心态，又出门采购。先去Fort Hamilton的华人超市，看到排队的队伍转了两个街角，超市的工作人员给每个进场的客人喷消毒水。这个超市不大，排队的人这么多，失去了耐心，转去New Utrecht的J Mart。那里也是很多人排了一条长龙，一次放数人进场，让我想起在东京博物馆排队看颜真卿祭侄文稿，和在奈良看正仓院的藏物，以及在桑迪时半夜在加油站排队加油。

进超市后，我按照母亲给的购物单找菜，父母要的罗非鱼和里脊肉没有买，买这些都需要排队，想将来可以去Costco买，不是非买不可。西兰花似乎依然是广受欢迎的蔬菜，很多人在拿，店员不断加菜，估计不久会像上次一样断货，是因为西兰花富含铁质容易料理的关系吗？还是J Mart的西兰花卖得比别处便宜？印象中其他店的西兰花没这么抢手。

花了近两小时购物，出门看到来购物的人越来越多。据下午去 J Mart 买菜的朋友讲，很多蔬菜都卖完了，似乎印证了下周关门的传言。

早上出门没吃什么，转了一圈回家已经是下午两点了，蒸了两个白馒头，切了些冷熏的挪威三文鱼，挑了些海藻沙拉，简易做了个 fusion 三明治，没想到还蛮好味。想来白馒头吸了三文鱼的油脂，海藻的甜解了熏鱼的咸。

今天不看纽约的感染人数了，昨天晚上美国感染人数已经是全球第一，三分之一在纽约。

蓝蓝，说好的带月亮同志来七堂喝茶的呢

昨晚在我准备和七堂团队开会时，索菲亚突然走进来，给我看一张朋友圈的图片，问我是不是真的。我一看是关于蓝蓝过世的截图，我的第一反应是，蓝蓝成名后，被人造谣了。

再看图片里有一个新闻报道的链接，用链接找到那篇报道，同名，但年龄不对，59岁，蓝蓝比我还小，不可能59岁。给蓝蓝私信，问她是不是被撞了，又给老麦打电话，没人接。私下问朋友圈里最早发消息的南希姐，南希姐说是真的，我还是不太相信，直到桃花说她给蓝蓝的母亲和老麦都打了电话。

认识蓝蓝在新浪博客，第一次跟她见面，在她和她母亲自己做的小饰品摊上，那时，她两个女儿还小，跟她一起摆摊。最后一次见她，在七堂，她弟弟一家来纽约，逛街累了，约我在七堂喝茶歇脚，喝茶闲聊之余，我弹了流水，老麦也在。

蓝蓝热心，真挚，坚强，韧劲足，也爱热闹，好打抱不平，天生 Charisma，放得开，也收得回，真情真性，给每个在她生命中出现的人，都留下明亮的印象。七堂的成立，她贡献了一位灵魂人物，就是七堂艺术总监呗宁，呗宁是经她介绍，走入我们圈子。

我和蓝蓝算是不太熟的老友，平时也没什么交往，特别是这些年，她忙策展忙文学结社，我忙七堂，彼此的交集更少，但博客时期结下的情谊没有褪色。她一直以七堂的媒人自居，私下说了好多次要带她妈妈来七堂喝茶，我也一直在等她召唤……

蓝蓝的妈妈蓝月亮黄月亮，一生坎坷，刚和蓝蓝祖孙三代完成团聚，安度晚年之时，却……不知道说什么好。

相信有一天，她老人家，还有老朋友们，在蓝蓝渊源颇深的七堂，一起喝茶聊蓝蓝。

3/28凌晨

下面这段文字引自老麦：

My dear friends, on March 27th 2020 the woman I met, and asked to marry me in 15min passed away in a car accident 15 minutes after leaving our home. She created happiness for our children and all our friends. Lan and extraordinary mother, friend, lover, business partner, artist, writer, and philanthropist for our foundation. Due to the virus pandemic I will not be able to give nor receive our last kiss, hugg, as these have been stolen from me and for my children and my dear mother-in-law. Services and Donations to our foundation will be posted shortly. We await the end of quarantine for memorial services and will provide details in future posts. Please feel free to email us at ****@gmail.com for questions and if you would like to share your stories related to Lan Lan. please keep in mind that English is preferred. But we will translate as time permits.

蓝蓝简介：

笔名为「纽约蓝蓝」的艺术策展人张兰于27日上午，在新州李堡市(Fort Lee)步行时，被一辆左转的箱形车撞倒，由于伤势过重不治身亡；她的友人当晚在微信朋友圈悼念她的突然离世，并转载她停留在25日的「疫情中的纽约人」抗疫日记。

根据新州警方消息，51岁张兰27日上午从李堡市(Bruce Reynolds)北向步行时，被一辆左转进入Lemoine大道的2005年产的福特Econoline厢形车撞倒。

医护人员赶到后，对张兰实施急救，但因其伤势过重，被宣布不治身亡；警佐拉多(Mark Radoian)与李堡市意外调查小组警员向69岁的肇事司机斯科利斯(Moschos Scoullis)开出上庭传票。

张兰的多名友人27日晚证实她在车祸中丧生，但她的家人因太过悲痛，不想被打扰，并无立即回应。

毕业于密苏里大学堪萨斯分校 (University of Missouri-Kansas City)的张兰，多年来致力于在纽约推广艺术发展，她身兼策展人、作家与界面设计师等多个身份，为北美华文作家协会与纽约华人女作家协会的会员。

新冠肺炎的疫情在纽约蔓延后，张兰通过微信公共账号以日记的形式纪录纽约真实的抗疫情况，她的最后一篇文章停留在25日的纽约，描述了各大医院防疫物资短缺，华人向医院捐赠以及4万名志愿者主动请战加入防疫前线等热点新闻。

蓝蓝日记《疫情中的纽约人》链接

https://mp.weixin.qq.com/mp/homepage?__biz=MzUzMzU4NzM2NQ==&hid=21&sn=4ccca3d637446c7c1738b75acb94a415&scene=2&devicetype=iOS13.3.1&version=17000c25&lang=zh_CN&nettype=WIFI&ascene=45&session_us=gh_113f4bea6a68&fontScale=124&from=timeline&isappinstalled=0

疫情中的纽约流水

3月28日 2020年

天阴雨霏，门外传来杂音，还有手推车碰撞的声音，邻居家购买的杂货送上门了。以后这样的杂音会常常听到。

果然传闻不虚，昨天去购物的JMart，真的周一开始停业了，什么时候再开，未知。另有传闻供货商们下周停止运输，华人超市不得不停业。

早上收到692的短信，呼吁不要存货，只要买需要的就好，货物供应充足。这是短信原文：

Notify NYC: Do your part: there is no need to buy in bulk. Only buy items you need. Retailers are working to keep high-demand products in stock.

可能华人的供应商停运，老外的供应商没有停运，华人超市停运和很多餐馆停运的道理一样，没人手干活，大家都怕被感染。

鄙司对面的希腊包装运输公司，这些日子天天开，老板Peter做希腊和美国之间的转运生意，这些日子不少私家车在他那里提货，比往日还多，Peter戴着外科口罩给他的客人搬货。今天周六，就他一人。

纽约大学附属医院的门口依然排满救护车，今天数了下是六辆，比昨日少了些，希望是疫情减缓的兆头。

从车库出来，又碰到同楼的捷克邻居，问他是去开工吗？他说已被炒鱿鱼了，我说可以领失业金啊，他说才三四百刀怎么够。他说他妻子现在还天天去学校烧饭，做两餐，早餐，中餐，学生每天到学校领餐。他告诉我，附近一街之遥的公立小学把食堂关闭了，做饭的人里面发现三人感染，现在这所学校的学生去她妻子的学校领餐，那里的工作人员都没有口罩，学校不提供口罩。不管怎么说，大家现在都意识到口罩的重要性。

昨日蓝蓝骤逝的消息，依然难以接受，她略带贵州口音的尖尖嗓音，时而调侃时而严肃的样子宛如眼前。她的离去，让我觉得跟世界的联系断了一根线，这条线不知道要过多久才能再连上。

哈密尔顿读完了。哈密尔顿最后决斗的地方，离蓝蓝被撞的地方不远，都是生命骤然停止，都是生前活力四射，被众多的友人围绕、推崇。昨天我朋友圈里三分之二的人都在哀悼她，她若有灵，一定会欣慰的。这个传奇的女子，最后以传奇的方式谢幕舞台，看得开的她说不定还会哈哈大笑一阵，只是留下悲伤的家人要熬过一阵子痛苦。

哈密尔顿的妻子艾丽莎，在哈密尔顿过世后，一直活到97岁。这个哈密尔顿背后的女人有着那个时代女性该有的一切美德，没有她事后不懈的努力，哈密尔顿事迹贡献不会这么清晰丰富地保存下来。传记里虽然对她着墨不多，但一个完美无暇的形象还是令人觉得不可思议，令人敬仰。

昨日晚上芝加哥的老同学传了一些小企业申请政府救援贷款的文件，今天要好好研究一下。

疫情中的纽约流水

3月29日 2020年

果然，越来越多的华人超市歇业了，最大的原因还是没有人工作。其次是货运，特别是鲜鱼鲜肉新鲜蔬菜，都需要每日供应，一旦这些农场、货运公司停了，超市的存货一空，即使开门营业也无货可售，不得已很多超市选择关门。

疫情的进一步发展，也使得居家令延长到了4月15号。看势头，还会延长。从疫情开始，每日一流水，已经留了23天，感觉真正的磨砺才刚开始。

近日有一段地铁车厢拥挤的照片在油管流传，上传者是家住布朗士去皇后区工作的医务人员，拍摄时间是3月27日。视频里，上传者一边拍车厢里人挨着人的场景，一边说："我们都要他妈的去死了"。车厢里戴口罩和不戴口罩的一半一半，戴手套的只有拍摄者一人。车厢拥挤源于地铁少，20分钟才来一班。交通局也有苦衷，到目前为止他们的员工两人死亡百人感染，千人被隔离，显然地铁已经是一个最危险的传染源。

好在明天开始贾维茨中心的方舱就能启用了，越来越多的病房在改建成传染病房，无论防护资源，还是医护人员都在向纽约集中，似曾相似的一幕在纽约重现。今天的692短信最后三条，有一条原文是这样的：Notify NYC: New Yorkers: Help slow the spread of COVID-19. Stay home to save lives. When you go out, you put yourself and others at risk. 用了很严厉的语气警告外出者，是把自己和别人陷入危险之中。

不知道为什么，整日在家，反而效率不高，浑浑噩噩的，不想上进，已经有一阵没练字了，做什么都有些心不在焉。今日练梧叶、梅花、渔樵，都有一处忘了怎么弹，特别是渔樵有一处，到底是散音四弦，还是按音，来回倒腾了好几次，才找到是按三弦十徽。古琴的难处就是即使记住了音但忘记了指法的话，还是弹不下来。忘记指法的时候，不要急着去找谱，尽量反复来回，找断了的肌肉记忆，这样找回来的话，肌肉记忆就会强化，不再容易忘。古琴也好，箫也好，最好的境界就是在演奏中，脑子不用想下个音是什么，一个音跟着一个音，由指尖自然而出，弹前不知何音，弹后忘记何音，一曲终了，不记一音，这才是至乐之境。说的玄乎，其实就是肌肉记忆。

疫情中的纽约流水

3月30日 2020年

如果不考虑生计，现在这样的宅家日子很适合我。其实疫情之前，如果七堂没什么活动，也基本宅在家里。我不喜欢跑场子，也不喜欢去人多的地方，更不会去凑热闹，人老了后，不感兴趣的社交活动都不会去。读书，练琴，喝茶，临帖，吹箫，这些即使天天重复，也不会厌倦，精神反而会更愉悦，心境更安宁，我喜欢宁静的生活。

今天早上出门，街上的车更少，行人也少，脚步匆匆。悠闲地晃来晃去的，是遛狗的人，也不多。商店都关门了，卖水果蔬菜的店有一家开着，堆在门口五颜六色的水果，为雨中暗淡的街景添了份亮色，因着这份亮色，人也暖起来了。

街角的玉兰花，依然蓬蓬勃勃，虽无桃之夭夭，但也是采采灼灼，地上开始有零落的花瓣，生命的盛章已过。不远处，马路上施工的工人在忙碌，这些忙碌的人都没戴口罩。

同层有一对年青的华人夫妇，这几日都没再用电梯了，爬楼之后，进门之前，都喷消毒水，可能是我们楼里防范最到位的住户。和这对严防的华人夫妇相比，老外真是天真。这不，今天美国最大的医疗舰"安慰号"进港，好多人跑去欢迎了，完全无视居家令，完全无视社交距离，这些人的心情能理解，就像我的朋友圈也被"安慰号"刷屏一样，"安慰号"进港的象征意义远远大过实际意义,就像2000年前耶稣骑驴进耶路撒冷一样,带来了拯救的希望。

我对美国的生产力、动员力一直有信心。70年前长津湖的水门桥,被志愿军炸了三次,最后连桥基都炸掉了,没想到美军从日本动用了八架C119大型运输机,空降八套M2型标准钢木桥梁,硬是在志愿军的眼皮下,两天建造一座新桥,使得志愿军全歼美陆战1师的计划落空。日本发动太平洋战争,其中一个判断是美军士兵怕死,自由散漫惯了,纪律性不强,没有战斗力。但就是这样的老爷兵,把日军从太平洋上的一个个岛屿赶出去。事后日本军部才意识到,美军单兵作战能力不比日军差,关键是美军士兵的能动性、内驱动力更强,民主制下的民心士气比意识形态的控制更有效率。

下午读诗经三篇,看了几集美剧英剧。Ozack第三季开始了,新上线的English Game和Unorthodox都不错。我其实更喜欢中文剧,主要是喜欢听讲中文,可惜现在真没什么能坚持看到底的剧,不知道为什么很多剧一开始都蛮好的,到后面就塌了,看不下去了。

今天傍晚,承老同学美意,看了美国小企业疫情救灾贷款的zoom讲座,贷款利息还是不错的,可以考虑下。

疫情中的纽约流水

3月31日 2020年

今天起床后什么都没干，当然起得也晚，临近中午才起床，煮了个泡饭，吃完又睡了，到三点才醒。猪一样的生活，一晃差不多一天就要没了，混日子还是容易的。

母亲昨日问，如果出门的话帮她买点牛奶苹果什么的，正好要去给岳母送米和口罩，所以最后还是干了些正事。

路过纽约大学附属医院，看到门口停了4辆救护车，数量又少了些。从昨日开始，频繁的救护车警笛声变少听到了，至少从听觉上来说，疫情似有缓解。

街上的行人和车辆都不少，特意去平时繁忙的86街看看，几乎所有的店铺都关门了，有一两家卖烧腊的广东餐馆开着，一路萧条的景色比其他地方更瘆目。86街上的华人超市，不管大小都拉闸歇业了。

去了三大道的Key Food买母亲需要的牛奶苹果柠檬燕麦什么的，里面的客人有些戴口罩有些不戴口罩，工作人员很多也没戴口罩。货架全都是满的，所有平时有的蔬菜水果、鲜肉鲜鱼都有，令人心安。华人超市关了后，华人爱吃的青叶类蔬菜没有了，但其他蔬菜还是能在老外超市买到的。

越来越多的人选择在网上买菜，也因为太多人网上买菜，商家来不及送后，取消订单的也多，看似方便的操作，只要人一多，都会立刻变不方便，哪里都会发生挤兑。

灾难当头，发灾难财的大有人在，eBay上一个口罩已经卖到了$30。昨日FBI抄了布鲁克林一个犹太人的家，从他家里抄出了八板医用防护品，这个叫Baruch Feldheim的犹太人，在面临抄家时，还朝探员吐口水，说自己感染了新冠病毒。

除了这种大手笔发灾难财的，小手笔发灾难财的也有。群里有个年青人在eBay上卖N95口罩，10个$300，很快被人买走。结果被群里的朋友警告说，有可能是律师买走的，他查后果然是律师买走，现在开始后怕了。可能FBI就是从这些零星的信息中找出大鱼来抓的。

后两周即将迎来疫情高峰期，出口何在，每个人都没底，目前最要紧的就是救命和保命，其他什么的都顾不上了。

疫情中的纽约流水

4月1日 2020年

连阴，今放晴，蹉顿又一日。天气虽好，无暇闲看，又近中午才起。昨日临睡，远眺曼哈顿，看到沉沉黑幕中，帝国大厦红白灯闪，今日看消息，才知原来是紧急求救的意思，自二战后又一次亮此紧急之灯。

纽约确实处于紧急状态中，先不说感染者已经占全美半数，仅有3000个ICU床位的纽约，已经全部满了。好在贾维茨中心和安慰号可以收容非感染病人，这样医院更多床位可以腾出来给感染者用。

当然好消息也有，纽约一个叫Vladimir Zelenko的家庭医生用混合药物的方式，选用的药物包括羟氯喹（hydroxychloroquine）、阿奇霉素（azithromycin，即Z-Pak，一种治疗继发性感染的抗生素）和硫酸锌（zinc sulfate），治愈了699名患者，治愈率100%，病人呼吸急促的症状在治疗后4到6小时内就消失了。不知道这个治疗方案在大范围推广后会不会依然这么有效。羟氯喹（hydroxychloroquine）已经被证明有效，前几日有个免费领取此药的网站在群里转来转去，本来以为又是谣言，后来有人视频证实是真的，不过就算免费拿到此药，也要遵医嘱，不能私自服用，因为此药对心脏副作用大。

之前订的中华书局《说文解字》到了，可以听梁惠王史老师的小学音韵课，今天听了一课，信息量很大。在上古，同音字虽然字不同，但都可能来自同源字，比如浅、贱都来自戋这个同义字，戋是少的意思，所以加水就是水少之浅，加贝就是钱少之贱。第一堂课讲了8个字，最后一个字是帝，帝和嫡也有关系，商朝的王都叫帝，显示了直系相传的信息。

读《诗经》六篇，其中北门颇应景：出自北门，忧心殷殷。终窭且贫，莫知我艰。已焉哉！天实为之，谓之何哉！

练大胡笳、梧叶、长门怨、龙翔操，其他都还熟，唯龙翔操又生受了，好在再弹一遍又熟了。

疫情中的纽约流水

4月2日 2020年

天凉日和云缥缈,山雨欲来风满楼。早上出门,路上车辆行人依然不少,可能是上班时间,行人都是匆匆忙忙赶去上班的。路过纽约大学附属医院,救护车停了3辆,早上没那么多人救护吧。中午再路过时,就停了五辆,看到EMS把急救的病人送进医院,而急诊室门口坐着全副武装的护士两人。虽然救护车停满了街道两边,但除此区域之外,Deli日货店、Subway三明治店和其他卖杂物的小店都如常开着,和平常的街景没什么两样。相隔一个街区,看到华人的橱柜公司都还在开门营业。

回到公司,老司机已经在了,还戴了口罩,我又给了他一些口罩,隔壁的邻居给了他一个N95口罩。他太太跟他一起来,正戴着口罩坐在车上向我招手。越来越多的人认识到戴口罩的重要性了。老司机夫妇离开时,还给了他们几盒一次性手套。

今天看到无论洛杉矶市长,还是纽约白市长都要求出门戴口罩,昨天CDC网站上也要求大家戴口罩。戴口罩从满脸的不屑,变成了全民运动。白市长几个星期前,还在人满为患的地铁里,作秀不戴口罩。

这次疫灾,被寄予厚望的CDC真是频频被打脸,一直传说他们的权力在这种紧急状态下比总统权力还大,但这次不但没什么作为,还有些帮倒忙。疫情结束后,CDC的存在意义肯定要被再检讨。

居家令实行后，犯罪率确实下降，与此相对，仇恨案例在上升。有仇亚裔组织公然在网站上宣布，要带枪去唐人街等亚裔集中地方无差别行凶，搞得人心惶惶。这也难怪这些日子枪支弹药的销售率创新高，住在郊区独门独院的华人，真要备枪以防万一。

去了趟八大道，八大道真的安静了，除了旺角和金煌两家在卖烧腊，其他餐馆和大多数店铺都关门了，有一家卖化妆品洗头液什么的店还开着，路边没多少车停着。很容易找位子停车，买了两盒叉烧，一盒给父母。

有个客户彻底结业，是第一个结束生意的客户，他怕疫情结束后生意不会好，乘现在房东答应他解约，马上结业，否则疫情过后房东不会答应解约，生意又做不上去，到时进退两难，窟窿难填。

从纽约州、纽约市公布的数据看，形势确实越来越严峻。不但疫情严峻，活着的人，生存状态也日趋严峻。很多老美没有存粮，手停口停，我这流水也已经流了27天了，家里没粮的家庭越来越多，本来是学生可以领三餐免费，现在成人也可以免费领三餐。

在解决防护物资紧缺方面，友人冰果在朋友圈宣布，她效力的资生堂，在新州的工厂，开始加班加点生产消毒洗手液，供应医院和公共卫生机构。越来越多的企业行动起来，在病毒面前，没有左右，没有贫富，人类一家。这场覆盖全美的疫情，在重创美国之余，也带来了消除歧义、冰释前嫌、弥补裂痕、重塑共识的契机，疫情过后的美国，何尝不是浴火重生的美国？同理可推至全球，何尝不是一个浴火重生的新世界？

疫情中的纽约流水

4月3日 2020年

昨日听说仅剩的飞龙、大中华两家超市，下周也要关门，想乘关门之前，再去采购一些。家里除了油、姜、蒜、葱之外，储物甚多，而这些除了葱之外，老外超市也有，似乎也不必特意跑一趟。但在绿点（Green Point）附近，有一个客户的支票要收，反正都出门了，去飞龙溜个弯也好。

出门的时候，雨正好淅沥沥下起来。上278高速，几天没上高速了，高速上车依然不少，但路况很好，平时开45迈，今天能开到60迈，布鲁克林桥前也没有堵。高速下来，在路上，看到有一户人家的车库门开着，一对老夫妻摆了张小圆桌，坐在一辆黑色车前，老夫妻坐在车库里面，淋不到雨，默默坐着看路上来往的车辆。想如果两人泡杯热茶或咖啡会更有情致，但也可能他们想，这样纯粹的望野眼，更符合极简主义的原则，越专注，乐趣越大。

回程也颇顺，路过Costco，看到停车场停满了车，购物的人依然须排队入场，还好排队的人不是很多。据说紧俏的厕纸、消毒液都有了，只是一个品牌限购一个，这样也好。

到飞龙时，已经是下午三点，离关门还有一个小时，购物的人没想象中多，车也容易找到位子。超市里面人很多，收银员都全副武装，防护衣、口罩、手套、护目镜，和医护人员的标配一样。蔬菜水果都堆满货架，豆制品种类比J Mart还丰富，难怪父母喜欢在这里采购。想着以后可能很久买不到新鲜蔬菜了，帮父母挑了番茄、白萝卜、苹果、芹菜、卷心菜、黄芽菜。我自己选了茄子、西洋菜、姜蒜葱等，还拿了盒乔家栅的赤豆糕，不知道味道如何。买肉的地方依然要排队，买鱼的地方没有，看来吃肉的人还是比吃鱼的多。帮父母买了鸡胸肉，我自己什么肉和鱼都没买。

结完账上车一看时间，刚好半小时，效率还蛮高的，想想华人超市马上都关了，心有戚戚焉。

回家继续听大王的说文解字第二课，同音的同源词和不同音的同源字，文字的发展脉络，非常有意思。读了几篇《诗经》里的国风，发现抒发爱情、亲情、怨情的多是女子，可能女人生性比男人多愁善感些，实际上很多闺怨诗都是男人写的。

一直想试试龙井炒虾仁，今日心血来潮，炒了一下，可惜很久不下厨，海盐落重了些，味重了。下次有机会要用藻盐炒炒看，味道会更好。

疫情中的纽约流水

4月4日 2020年

四月什么花都开了,天依然凉,暖气还在供应,可能在家的日子呆长了,觉得这个冬季特别长。

接到一个陌生电话,原来是曼哈顿的一家中餐馆,是个说了名字但不知道是谁的Chief打来的。Chief以前服务过的东家我知道,但对这个Chief一点印象都没有。原来他们问有没有新鲜蔬菜送,当然没有,我自己都想要新鲜蔬菜。接完这通电话,不禁心生感慨,一个是这家中餐馆竟然还开着,一个是货源紧张到要给我这个八杆子都打不着的人要货,病急乱投医,也难怪华人超市要纷纷停业,货源肯定是原因之一。

纽约一线抗疫人员战力损失惨重,无论医生护士还是救生员,乃至警察,公交系统的职员都伤情严重。以至于地铁出现严重拥堵情况,最繁华的五大道名店,如LV等,门面都用木板封住,以防因警力不足而出现不必要的盗抢。

在微信朋友圈看到有人去唐人街一公立小学领免费餐,基本都是包装现成的食品,现做的很少。领餐的人也不多,据学校反映一天大约250人领餐,一次可以领早餐和午餐,看来和纽约市长承诺的三餐不一致。

七堂的小伙伴中,就物资而言,小白准备得最充分,囤了100个方便面、100个罐头。一单难订的网上送菜,他都能在半夜抢到，妥妥的一枚超级扛疫斗士。从现时的局面看，虽然物质供应因物流而紧张，但不至于匮乏，只要货源充裕，流通的问题好解决。

七堂在疫情打击中，也开始慢慢恢复过来，网上的课程和讲座都在策划和准备中，第一弹推的是古琴网课。现在的学生很多已经转为网上上课了，也希望能吸引到更多不同地区的新学生来。迟迟不动的网上业务，借此契机开展起来。

贾雷德·戴蒙德的《剧变》刚在微信读书上架，他的《枪炮、病菌与钢铁：人类社会的命运》曾给我很大启发，直到现在仍然是我印象最深的书籍之一。读这本书之前，对病菌改变社会有些不以为然，但读完之后发现其实病菌在某种程度上，比枪炮和钢铁对人类社会更有影响力，意义也更深远。当下又是一个病毒燎原的时期，虽然人类不会再像以前那样束手无策，但这次疫情带来的社会剧变会是一样的。

新冠病毒虽然不是上帝之鞭，但却会令傲慢贪欲的人类再一次审视自己。

疫情中的纽约流水

4月5日 2020年

今天是星期天,江湖救急,又出门了。

路角的玉兰花依然盛开,地上的落瓣并不见增多。路过纽约大学附属医院,急诊室门口停了三辆救护车。常走的二大道平时车辆甚多,附近多仓库和小型工厂。今天可能是周日的关系,车速竟然可以飙到50迈。

路上依然有人行走,看到一家三口,年轻的父母带着蹒跚学步的小孩子,都没戴口罩。

街上的店大都歇业了,车少人少,一派安详,仿佛置身在一个度假的小镇。纽约挥挥手,挥去了喧哗嘈杂,挥来了宁静安详。

86街五大道街口的店,除了一家超市,其他几家外卖店,汉堡王、百乐炸鸡、铁板大师都开着,生意都很好。在83街一家杂货铺买了串香蕉,打杂的阿米果在俐落地加货,一家三口在挑水果,一个老太太买了一堆东西在付账。除了老太太、老板娘、我和那家女儿,其他人都没戴口罩。

下午收到692信息:Notify NYC: Have only one household member shop at a time to avoid overcrowding. Be sure they are wearing a face covering, and avoid panic-buying,规定一户人家只能有一人出门购物,而且须戴口罩。

今天收到的一个692信息,让大家如果发现地铁、公交车太拥挤的话打311，地铁拥挤的现象反映到市府了。

虽然疫情期间，禁足在家，似乎没什么特别需要处理，但时间还是不够。今天算是效率高的，读了《诗经》三篇，临了张迁碑、毛公鼎、赵之谦《潜夫论》、钟繇《贺捷表》、《北魏元怀志墓》，练了三首琴曲，梅花、渔樵、大胡笳。

纽约今天新增确诊病例开始减少，市府极力劝说市民们在家再呆两周，不要出门。纽约医疗资源已经饱和，任何风吹草动都会导致系统崩溃。但不听指令的人还是有，特别是哈西迪犹太人社区，仍然在集会，有视频拍到男人们戴着口罩，围成一圈热烈跳舞，还有在露天举办婚礼，这些习俗在前几天看的"Unorthodoxy"里都有出现。

疫情中的纽约流水

4月6日 2020年

又是一个周一了,又是一个晴空无云的好天气,又是一个不得不出门的一天。人生就是一个悖论,喜欢的和要去做的往往是相反的,就如爱宅在家的我,偏偏要出门浪。

今天马路上的车和人明显比昨天多,路过纽约大学附属医院,门口停了七辆救护车。

很久没上Belt Parkway了,这条堪称纽约最美的高速,有一段都是贴着海边走。波浪起伏,海面开阔,有一艘海上巴士正从码头离去。原来这些连接曼哈顿和布鲁克林的水上巴士也和地铁公交一样,一直在运行。海边跑步、骑自行车、散步、坐板凳看风景的人很多,有些戴口罩,大多数没戴口罩,戴口罩做运动肯定不方便。纽约市长今天说,要给不遵守居家令的人,开双倍罚单,警察来这里开罚单的话,会大丰收的。

大多数店都关了,卖宠物商品的Petco开着,门口有人排队。更令人意外的是,86街一家华人杂货铺门前也有人排队,小小的店里挤满了排队付钱的人,门外还排着五六个人,门里门外几乎都是女士,有两个讲着台山话聊天。店里冷冻柜几乎空了,还剩下一些牛肉。老板娘全副武装,穿了一套类似国内环卫工人的制服在收钱。有客人要鸡翅膀,说没找到,老板娘说收完这个钱就找给她。货卖得太快,装鸡翼的箱子还没来得及拆开。

可能86街的华人超市都关了，住附近的华人只能到这家杂货铺买货吧，走的时候，看到还不断有人开车来购物。

母亲要的肥皂飞龙有，到飞龙时，虽然4点未到，已经关门了。转去7大道的红苹果超市，里面一片狼藉，蔬菜有很多，肉和鱼基本都空了，没看到肥皂卖。又转去7大道60街转角的一个杂货铺，也是一片狼藉，老板刚不知道从哪里进了一批货回来，老板娘一边给一个客户介绍哪个福州面好，一边说这样像打劫般的生意最好做，我明白她说的打劫是什么意思。在她店里找到肥皂，虽然和母亲要的不一样。

去药房领完父母一个月的药量，去了家附近的key food，没什么好买的，就是想进去看看。看到超市里竟然有盒饭提供了，还热气腾腾的，仔细看了下是老美版的青椒煮牛肉。即使是周一，购物的人不少，而且真和平时没什么两样，如果在华人社区感到一丝紧张和慌乱的话，这边一点异样都没有，惟一的异样是戴口罩的人多了些。我买了土耳其面包、意大利长棍面包、但马黑毛和牛肉糜、帕尔马火腿、两年陈全草饲养奶酪，还有抹了厚厚蒜蓉的面包，明显这家超市的货品质量在不断提高。

拎着袋子走出KeyFood，感到病毒离我这么近，可又那么远，毕竟我现在身处全球最毒的疫区，我住的布鲁克林有超过万人感染病毒，救护车的警报声此起彼伏，但除了不能工作之外，真没感到生活上有什么不自由，阳光依然灿烂，鲜花依然盛放。

刚刚看到，纽约州一日申请领救济金的人数破历史记录到8万人，2008金融风暴时一日最高人数1.3万人。

疫情中的纽约流水

4月7日 2020年

听到窗外邻居在放爵士乐，有一种错觉，今天是周末，而不是周二。楼下孩子的嘻闹声，更增添了在假期中的感觉。

今天终于不用出门，可以在家里处理一些业务。SBA的EIDL已经申请多日，但一直没有回音，问了SBA专员，说等联络。另一个PPP，是要通过存款银行申请的，申请后也是要等对方联络–还有一个华人机构救济唐人街小企业，也申请了，也要等对方联络。

七堂的华人房东在疫情发生时，就通过经纪，传达了平安渡过的慰问。犹太房东今天也问候了，我跟他说等fund下来，马上付他房租，他说地税到期了，他先付了地税，各道珍重。

这些天申请失业救济金的剧增，朋友算了笔账，"这一次有联邦每星期$600的补助加上最低失业金$180左右。所以每星期最低可得$780，如果平时能正常拿支票的人每星期可得超过$1100，每个月有$5000左右一直可以到7月底"，这么不劳而获，当然谁都要去申请，也让不堪人工重负的公司，更会采取解雇的措施。今天学到的一个字"幸"，有懒惰也能过好日子的意思，当下米国的失业者何其幸也。

烤了蒜蓉面包，泡了杯汉中仙毫，简简单单一餐。居家的日子，少食多餐是正道，据说刚度过95岁生日的鼎公王鼎钧，就是少食多餐，难怪这么长寿，还思维敏捷。

一天余下的时间，读古代常用词66个，听了大王"说文解字"第五课。这节课讲到尼字，仲尼的尼字，说孔子生下来时头顶有凹陷，而尼有周围高中央低的意思，所以名字取尼。另外尼字甲骨文是一人坐在另一人屁股上，所以当年记录章太炎讲甲骨文的笔记中，讲到尼字是龙阳断袖之乐，其实不作此解。包括因李敖而广为人知的"且"，其实也不是什么男根，而是断木，训诂之学还是很有意思的。

昨日没练琴，今日不能不练。练大胡笳、流水、乌夜啼。七堂的网课公布后，有新同学试课，网课确实提供了方便。

昨日睡前看了几集老剧《命运》，陆天明导演，李雪健主演，讲深圳当年设立之事，这部10年前的剧放现在，肯定禁播。

疫情中的纽约流水

4月8日 2020年

凌晨被猫打架的凄厉叫声吵醒,下着雨,还不小,嘀嗒淅沥。好奇心起,想看看猫是怎么打架的,凑窗前一看,昏暗的灯光下,只看到两个影子,一前一后豕突而过。

猫竟然能发出这么大叫声,堪称惊天动地。奇怪的是猫的"嘎—嘎—"声中,还夹杂着"咔啦""咔啦"的声音,明显不是猫的叫声,难道是浣熊的叫声?但附近从来没有看到过有浣熊出没,真有浣熊的话也不奇怪,附近有好几处颇大的公园,有野物藏身其间,不足为怪。暗闇中,叫声渐止,一只大猫,沿墙根缓缓回来,似已将外敌驱之境外,猫影没入阴影,不见。

热闹没看个究竟,有点遗憾,继续睡觉。醒来,雨已停,撕块土耳其手工面包,切几片挪威熏三文鱼,泡一杯汉中仙毫。土耳其面包并没什么特别,现烤的土耳其大饼才好吃。

今天要去新州Newark办事,上278,过布鲁克林桥,过荷兰隧道入新州。过布鲁克林桥时又堵了,有工程车封了一条线。进曼哈顿下城,到荷兰隧道入口处,一路车辆稀少,往日人来人往,车辆拥挤的下城,此刻空旷得如首都华盛顿周末的街道。而平日要两线排队才能进荷兰隧道,今天则寥寥数车。进了新州,更是空寂。办完事回到布鲁克林,来回一个小时都没有。本来想在新州加油,可荷兰隧道入口附近的油站价钱都不便宜,和纽约的油价差不多,都在2.14–2.29之间。

事办完回到家,才不过中午12:00,不堵车的效率就是高。午餐番茄炒蛋、麻婆豆腐、大头菜炒肉末。肉末就是前日买回的但马黑毛和牛,可品质被煮家一眼否定。想想也正常,一般肉糜都是最容易做手脚,如果不是印这但马和牛,真不会买。

午饭后继续学习《诗经》的用韵,《诗经》305首诗,没用韵的只有7首,都是关于祭祀的,可能从卜辞而来的缘故。《诗经》的韵脚规律影响了后来的诗体,无论古风还是格律诗的用韵都承袭了诗经的用韵规律。

学《说文解字》第六课。此课大王着重讲了肖,从肖到约到消,一路追踪,这些字都有少,减少的意思。

今日练大胡茄、长门怨、龙翔操。

今天公布了族裔死亡率:西裔34%,非洲裔28%,白人27%,亚裔7%。亚裔少,应该跟对疫情重视,注意保护有关。

唐人街的香港超市卖高价口罩被罚7万美金,一盒50个的外科口罩卖到了$175,被人投诉。而另一边的上海餐馆老正兴在店里卖起了蔬菜。生活似乎和原来没什么异样,但改变都是悄悄的。

疫情中的纽约流水

4月9日 2020年

今日，半日雨半日晴，如果不居家，还真不会留意这雨晴变化。自写流水以来，对天气也不自觉地留心起来，发现初春的纽约，也是有些多愁善感，因着这份善感的多愁，不由得喜欢纽约。

初来美，在洛杉矶住了近半年，每日艳阳高照，灿烂明媚，一日复一日，日日如此，禁不住想念起落雨的天气，就如平淡的生活里，有了气候的变化，四季的轮换，多少有了些因境而生的滋味，不再一味单调。洛杉矶，太阳神阿波罗之城，再阳光明媚，人性的多变总熬不住一味单调。

不出门的日子，一天都是从中午开始，吃了早餐也是午餐的烤鳗、炒卷心菜，还有昨日剩的麻婆豆腐。煮一壶大红袍，继续学古汉语的双声叠韵和通假字。这和正在学的《说文解字》有关联，按照大王的讲法其实没有通假字，所谓的通假字，其实都是同源词。今天听了第七课，都在讲浇挑锹字义的衍化，小学虽小，内涵太丰富了。

两学之间，读了篇皮兰德娄的《蝙蝠》。一个突发的蝙蝠降临舞台的事件，搅浑了虚构和现实的边界，就在两者间冲突，矛盾似不可解之际，一场意料之外情理之中的昏厥，反而带来了戏剧的成功。皮兰德娄最著名的短篇当属《西西里柠檬》，西西里柠檬、蝙蝠都是意象的符号，意大利作家最擅此道，当然你也可以不用在意，读者怎么解读和作者都没关系。

练琴梧叶、梅花、渔樵，弹渔樵时有两处忘了，用力想，总找不对弦，索性不想，任指一路挥去，竟都对了，遂不再作一想，任旋律带着八指弹去，脑中浮现鸥鹭忘机之词，人之刻意就是失机，人之忘意未尝不是得机。

《纽约时报》撰文说，纽约当下流行的病毒来自欧洲，并非来自亚洲。想来也是，纽约第一例，以及之后的都和中国无关，而且那时中国来美的航班已经严格检验了，反而意大利疫情爆发后，相当长时间没有采取措施，现在这个结果和当时处置是对得上的。另外据日本专家统计，打过卡介苗的国家新冠病毒致死率低，可能两者之间真有些关系。

昨日逛下城，得"通衢人迹渺，疫日云痕深"一句，引发了辛晔兄的五古。

疫情中的纽约流水

4月10日 2020年

早上，差不多中午了，切四块意大利长棍，烤一下，切几块挪威三文鱼，抹松仁鹰嘴豆泥酱，又是简单一餐。

戴口罩，戴一次性手套出门。街角的玉兰花差不多都谢了，绿叶长出来了，是不是都是先开花再长叶呢？樱花也是这样，花谢了，生命的接力棒传给了绿叶。有些乔木似乎不是，看到街边乔木大树，虬龙般的枝条，都点了嫩嫩的绿，这些嫩绿应该是新芽，没看到花苞。

路过纽约大学附属医院，急诊室门口停了七辆救护车，有一辆刚离开，疫情似乎更严重了。疫情更严重的表现，不止是急诊室门口的救护车多了，街上的人和车更少了。前些日子出来，看到闲逛的人很多。今天出来，真没怎么见到闲逛的，行人还是有，大家都行色匆匆。比以往更安静，祥和的氛围少了，也可能是天气的原因，今天是个阴天。

母亲嘱我购物，下午2:15到飞龙。飞龙的停车场，一半隔了停车，一半隔了排队进场。我到时，有个仁兄正搬货上车，就停在他后面等他搬完，结果这位仁兄搬了很久很久才完，他似乎有选择困难症，每一样东西都要犹豫一下放哪里，满满一车的东西，足足等了20分钟他才搬完。

飞龙超市2:45分就关闭了入口处大门，每次放10人进场购物。

在等的时候，下了一阵雪子，很猛，好在马上就停了。3:30进场，超市里的人依然很多，看到很多非洲裔的妇女，都有戴口罩。鲜鱼档位没什么鱼了，人也最少。肉档依然要排队。这次排队买了胛骨、五花肉、猪脚、肉糜。买了很多豆干，买了陕西的扯面和宁波年糕片。本来没想买这么多的，一排队，总觉着不买多些，有点对不起排队的浸没成本，希望下次能隔久点来。

即使已经是到关店的时间了，无论鲜菜还是水果，还是肉类，供应都非常充足，没有断货。超市的收银台都架起了防护玻璃罩，保证收银员和客户之间有社交距离。收银员依然全服装备，防护衣、口罩、护目镜、手套，仿佛来到医院急诊室。4月后，纽约规定不能再用塑料袋了，好多客人不知道这个规定，没袋子了，自己又没带袋子，拿东西就比较狼狈，飞龙超市应该准备些环保袋来卖。

失业者越来越多，监狱里放出的犯人也多起来，这些都会影响到治安。连纽约华人社区名人，纽约市议员顾雅明都不能幸免，他在法拉盛自家门口被三个戴口罩的非裔打劫，好在他高声喊救，拨打911，匪徒才逃走，这些匪徒在相邻一条街打劫一华裔青年时，被收到警报的警察抓获。这些劫匪都只有十六七岁，顾雅明称这次打劫不是针对亚裔的仇恨罪，就是普通的刑事罪。非裔十几岁的少年，一直是治安问题，不是现在才有，很久很久之前就存在了，以前为了几块钱的外卖，杀死外卖郎的也是这样十几岁的少年，少年犯罪问题一直没办法解决。

疫情中的纽约流水

4月11日 2020年

十点多起床,阳光普照,蓝天白云,又是一个好天。打开日本电视频道,民放的富士朝日东京台,都没什么有趣的节目,转到NHK卫星台,看到在播女团总决赛的节目,正好是"早安少女20"在唱跳。

"モーニング娘"最早出现在上世纪90年代,正好是我离开日本那年,这个少女团体突然就火了,当时也没太留意,她们应该是最早的日本女团,后来风头被AKB48抢去了。看她们在那里唱跳,不禁想日本女团也在不知不觉中进化。日本女团的最大卖点就是装可爱,一切舞姿服装歌曲都是围绕此作文章。可这个早安少女团20,显然已经不是以装可爱为卖点,卖的是性感,衣服着装裸露的更多,舞姿也一改可爱风以性感风取胜,似乎走的是韩国女团路线。但日本女孩的身形明显不如韩国女孩,再加上颜值也不行,看了觉得很不舒服。好在后面AKB48出来后,发现还是老样子,就是少女该有的样子,稍微松了口气,日本宅男的审美没有下降。随着女团市场的火热,目标市场的细分肯定会越来越彻底,以至于女团中还有以知性为卖点"哲学舞"女团,歌词里的英文缩写名词也许能打动极客。

昨天给母亲送菜时,拿了些母亲包的馄饨,早午餐煮了馄饨,可惜煮烂了。

出门去羊头湾,车不少,天气好大家都出门吧。海滨公园里,无论是壁球场，还是足球场，棒球场都是人，这些不断跑动着的人都在比赛，纽约市长，州长看到都要头痛了吧。真正能把纽约人禁足在家的只有坏天气，其他什么都没用。

回家后把停了一日的古文继续学起来，学了楚辞离骚。离通罹，骚是忧愁，离骚就是遭遇忧愁的意思。屈原因被楚怀王贬斥，报国无门，抑郁欲赴死。有意思的是，全篇用了很多香草的名字，不但把香草比作贤人，还把香草比作美德，满篇香气馥郁，读来口齿生香。

古人对香草似乎非常重视，正好大王的第八课《说文解字》讲到"祼"，是一种灌酒的祭祀，把用浓郁香草酿的酒灌在瓒的玉器上，再流到同的青铜器里，然后倒地上祭祀祖先。孔子论语里说：子曰："禘自既灌而往者，吾不欲观之矣。"，这个灌就是祼。孔子为什么自祼以后就不看了，和鲁王祭祀的昭穆顺序有关。

美国国家过敏和传染病研究所主任、川普政府新冠疫情工作小组成员安东尼·福西（Anthony Fauci）周五接受CNN采访时说，美国将很快推出全民新冠病毒抗体检测，识别先天免疫者和患病康复后产生抗体的人，而有抗体的人可以立即复工，确保不发生二次传染。福西在接受CNN采访时说：一周左右的时间，我们将可以看到大量的检测。

我对此表谨慎怀疑，从以往的经历看，政府宣布的东西和未来的现实总是不太一致，很多宣布都是空欢喜一场。疫情后，按照政府或某些独立机构的宣传，申请了若干补助，没有一个有回复的，空心团圆吃多了，就不太当回事了。我当然希望早点恢复正常，还有说好的一人$1200支票，什么时候拿到才算。

疫情中的纽约流水

4月12日 2020年

又是10:30左右起来,今天天气依然好,不用出门,本来想把耽搁多日的临帖重新临下,结果为了弄个小视频,反而把时间搭了进去。

早午餐继续fusion风的三明治,一个白馒头夹海藻色拉和挪威熏三文鱼,这次多了一碗萝卜排骨汤。

汤喝完,已经是网会的时间了。邱馆早些日子,定了中午1:00用WebEx聚会,参加的都是海外华人作家协会的成员。疫情期间,法拉盛图书馆的活动也不能办了,大家在家搞搞网会也很好。

邱馆开了红酒,严力拿了瓶俄罗斯二锅头——伏特加,王渝不知道从哪里找出一瓶雷司令,大多数人喝茶,就这样首届海外华人作家协会的网派,在彼此对屏举杯中开始了。王渝和曹莉朗读了刚在侨报发表的诗作,其他人也选了些诗来朗读。我这个冒牌货对诗不懂,囫囵听了还是不懂。邱馆、王渝要我朗诵,桃花要我吹箫,我说我这次来向大家学习,就作观众吧。网派开了近两小时,临结束,老黄翔以他一贯的抑扬顿挫朗诵了一首诗,最后在王渝的"散了吧"一声中,散了。

因为要给《看世界》杂志写篇疫情文章的关系,通过父母和逃离鬼门关的小蔡医生联系上了。小蔡是新州第一个确诊的病人,当时美国医生不知道怎么处理,也没太重视,在危急中小蔡通过各种途径呼吁，最后惊动媒体，才调整治疗方案，最终治愈出院。他现在依然在家中静养，每日依然需要吸氧和服药，太不容易了。他是在曼哈顿参加一个会议时感染上的，这个会他连续去了四天。

我现在不看数据了，数据对我早已没什么意义了，现在医院收病人的标准，已经从血氧值95提高到了85，实际的数字可能已经不能反映真实的事实了。

疫情中的纽约流水

4月13日 2020年

古人称早饭为饔，晚饭为飧，饔是熟食，飧为饔之余，用汤浇之而食，所以就是泡饭。沪人爱吃泡饭，不过不是晚上吃，都是早上吃，早上之泡饭，则是隔夜饭之余，古人和沪人的饮食习惯，正好颠倒了一下。

作为沪人的我，早上吃泡饭习惯了，吃干饭还真不太习惯。但在日本那些年，发现日本人早上是习惯吃干饭的，配菜非常简单，或一块盐腌的鲑鱼，或一盒纳豆，一个生鸡蛋，少许酱菜，有时候一碗酱汤就一碗干饭，就把早餐解决了。后来再发现，广东人也没吃泡饭的习惯，早上不饮茶的话，若吃饭也是干饭，看来早上吃泡饭还真只是沪人的习惯。

我今天起床已过午，窗外并不像诸葛亮般的"草堂春睡起，窗外日迟迟"，而是屈原山鬼中的"杳冥冥兮羌昼晦，东风飘兮神灵雨"。我不知道今天这个风是不是东风，但肯定是神灵下的雨，否则不会一日的疾风骤雨到晌午，忽然就蓝天如缎白云容容了。

纽约最顶级的餐馆Eleven Madison Park，这家曾在2017年世界排名第一的米其林三星店，现在每天为医务人员提供超过1000份、$6的便当。这个了不起的行动，既保障了餐馆员工的工作，也为医护人员保证了营养均衡美味可口的饮食，可谓是一个赢赢的结局。

EMP前几年曾去吃过，在所有去过的三星店中，确实综合评分最高，特别是大厨的创意，意料之外，情理之中，充满惊喜，餐量也是意料之外，饿着肚子进去，撑着墙出来。

虽然这段日子没有出门待在家中，但时间总是不够用，一日计划的事情总是完不成，是不是太贪心了，也不是，可能还是太焦虑了。

疫情中的纽约流水

4月14日 2020年

早起，热牛奶，撒"Simply Granola"，喝完，出门。

今天跨州去搬些米、酱油、豆腐回来。路况依然顺畅，一直堵的布鲁克林桥前也不堵了。

曼哈顿下城，虽然人迹稀少，但天气好，汗衫短裤出行者多。过了荷兰隧道，车辆更少，行人绝迹。每个路口处，都见到讨钱的人，这些讨钱的人都是白人，都戴了口罩，可戴口罩的方式也比较特别，有些只遮住嘴，露出鼻子，有些干脆把口罩戴在下巴上。是不是口罩全戴上的话，怕被误会是打劫的？

在加油站加了油，本来想刷卡，但一想，卡拿出拿进又有接触了，还是付现金吧，付了25刀加了近12加仑油，回到布鲁克林刚好中午12点。

在86街，看到很多人在仅开的几家杂货店门口排队，有意思的是瓯江这种较大的超市，排队的人，竟还没有相隔几街小杂货店排队的人多。

下午转去曼哈顿下东城，看到Trade Joe门前排了非常长的队，少说都有30人，相邻一街的另一间老外超市，门口也排了很长的队。到东百老汇，看到也有人排队。处处排队的景象，仿佛回到了70年代的中国。似乎物价也在慢慢涨，据说华埠大中华超市的冷冻鸡翅，卖到了$5/lb。

很久没回七堂了,七堂门口的车位,不再一位难寻。整个东百老汇都空荡荡的,楼下的德昌肉食关了,隔壁卖电子烟的店开着。临到七堂门口,密码忘记了,最后小胡远程开的门。七堂最后离开的应该是小白,琴桌的琴依然是对弹的样子,桌上的纸杯和半壶水,都显示了离开得多么匆忙。拔了不必要的电源,收拾了一下,我也走了,下次再来不知道什么时候。

今日出门见到的人,戴口罩比不戴口罩的多了,不过好玩的是,大多数老外戴口罩,都把鼻孔露在外面。是不是他们鼻子高又尖的关系,戴口罩的不舒服感,要远远超过我们这些鼻子扁的人?

疫情中的纽约流水

4月15日 2020年

天气虽好，气温仍寒。早上出门，看到同楼一老大姐，拎着一堆东西进来。问她是去超市购物吗，她说她去Whole Foods购物，早上8:30就去了，早上的时间是开放给老年人的。她的年纪看上去并不老，还经常去健身房健身，身材一直保持得很好。

周围网购的朋友说，抢单越来越难，amazon改变了开放登记的策略，以前是午夜后开放，现在似乎是两小时开放一次，量很少，抢不到就要等下轮，这样抢单需要一直在电脑前呆着。抢单达人小白，也开始为没有新鲜蔬菜焦虑了。有朋友说即使不是新鲜蔬菜，amazon上下的单，都要四五天后才到，很不方便。

南达科塔州的肉厂有200多工人感染病毒，不得不关闭，这个消息导致大家又开始抢猪肉了。此方为买菜焦虑，彼方为卖菜焦虑，大批牛奶被倒掉，大量蔬菜被践踏，连波士顿大龙虾都在贱卖，原来10lb$130，现在$75还能减$25。

好消息是，今天很多人收到$1200了。我们没收到，担心银行账号国税局没备案，打电话给会计师。会计师说钱是按照社安卡号码发放的，肯定能收到，顿感心安。

新州的Rutgers大学研制出凭唾液就可检测出新冠病毒的方法，今天在Edison开始 Drive Through测试，测试前30分钟不能进食。疫情爆发一个月来，美国依靠强大的科研能力，不断刷新测试纪录，从需要两个半小时到只要五分钟，层出不穷的方式方法几乎达到了日日更新的速度，继鼻咽拭子、肺泡灌洗液、血清、血浆之后，唾液也成为新的样本检测方式。现在FDA批准的用于诊断测试的紧急使用权达到了34个。

在Bayridge Ave上看到一棵奇树，一树两花，红白两色，红花雍容白花玲珑，应该是两种樱花嫁接来的。

疫情中的纽约流水

4月16日 2020年

云容容兮天青青，疫神去兮不复返。行车Belt PKW，看到警察截停一辆超速车，似乎平常的日子又回来了。

沿海跑步的人少了很多，少到就寥寥几个，都戴着口罩。看到他们戴着口罩，仰着头跑，非常有喜感。想笑，却有一种荒诞的无奈感 油然而生。

纽约市前日规定，出门的人都要戴口罩，或者用围巾之类的蒙住口鼻。不得不说，纽约市民还是遵纪守法的多。近日，媒体、市府、CDC都在呼吁外出戴口罩，果然戴口罩的人越来越多。在一家希腊人的小杂货铺，门前排了一队人，大家都戴着口罩。两周前，这个铺子门口坐着几个老头，彼此聊着天，都没戴口罩。

午饭，炒卷心菜、洋葱煎黑毛猪排。

练琴，弹梧叶、长门怨、龙翔操。

把写好的约稿再改一遍，把之前写的短篇《胭脂》拿出来再改一遍。宗子兄在他新书《风容》的序中写到，写好文章的诀窍就是要多改，文章写好了，放几天后再改，会越改越好。同样严力也说诗写好了，要放几天，然后回过头来再改，如此反复直到满意。这篇《胭脂》拿出来后，果然又看到很多地方要改，这次改完后，基本满意了，再放几天看看，可能又不满意了。

前两日，纪平姐送了些金毫茶叶，滇茶，大叶种。刚沸的滚水泡下，马上出汤，甘醇有果香味，汤色金黄，数泡之后，汤色依然，久泡之后，茶味虽然淡如水了，汤色并不如水，耐泡之极。

近日看了徐童的《算命》、《唐老头》，都甚好看，底层老百姓的生活，活色生香。

七堂策划多时的线上节目《七谭》开始内测了，本周六晚推出《闲琴疫致》之"三日会弹梅花？真香！"

疫情中的纽约流水

4月17日 2020年

纽约疫情的拐点似乎到了，一段据说是纽约皇后区重灾区医院Long Island Jewish Forest Hill住院医生蒋莎莎拍的视频，这些日子一直在流传。蒋医生的这个视频拍的是窗外夜景，然后她在镜头后面喃喃自语，原来增建的ICU室不再需要了，她们终于可以有时间喘口气，看一下很久没看的夜景。

纽约州长前几日宣布，把纽约多出来的呼吸机送给密西根州100台，马里兰州50台，以感谢其他州早先对纽约的支持。

路过纽约大学附属医院，看到前一天还停满了救护车的急诊室，现在只有两辆。中央公园的野战医院已经撤离，贾维茨中心方舱和舒适号也没有进一步消息，所谓没有消息就是好消息。

路上的行人和车辆依然络绎不绝，但交通顺畅。这些日子最爽的就是开车，一脚油门到目的地，刹车都不用踩。可能也因为太顺畅了，今天在回程的278上看到三车追尾，救护车消防车把来回的四条道都封了。看到高速路上的电子版显示，连接布鲁克林和史坦登岛的Verrozano桥也有车祸。

去飞龙买菜，这次排队没花多长时间。肉铺前人依然多，肉类供应丰富，其他新鲜菜果也是堆得如小山似的。母亲关照需要带叶的菜，买了菠菜、芹菜、青菜、黄芽菜、冬瓜、黄瓜、苹果、牛奶、罗非鱼、小鸡整只等。给自己买了茄子、萝卜、香蕉、橘子、芒果。也不知道再买什么了，家里冰箱其实还是满的。

看到冰果在今日随笔里写，朋友送她自制的玫瑰酱，好奇心起，问怎么做的。原来是一层花瓣一层红糖，然后捣碎蜂蜜封顶。七堂曾用玫瑰熬汁做玫瑰香丸，也曾用专制的保加利亚玫瑰花瓣泡茶。并不是所有的玫瑰花都能食用，有些品种是有毒的。

昨日提交的约稿，今天看到在《看世界》杂志的微信公号上推了，这种效率真是令人惊叹。感谢易兄推荐，谢兄校编，能够让国内更多人了解真实的纽约疫情。文章里的人和事都是发生在自己周围的，即使不是第一手信息，也是考证过有公信力的主流媒体，相信事事有根据，处处有来历是做到了。但即使如此，还是免不了被有些华人媒体加个偏离原意的题目。老同学告知，有家6pack的留园，把文章的题目擅自加了"生活艰难"，还好算是手下留情，只是在标题里加了四个字，没有把文章改得面目全非。

疫情中的纽约流水

4月18日 2020年

连续几日入院人数在下降,疫情似乎已经控制住了,人们绷不住了,去海滩嗨的有,持枪上街要求复工的有。

可是疫情还在漫漫进行中,据斯坦福大学研究人员17日周五发布的一份报告称,实际感染新冠病毒的人数可能比官方公布数字要高的多。

据ABC报道,这项还未经过同行评审(peer review)的研究对3300名加州圣克拉拉郡(Santa Clara County)居民进行了抗体检测。如果测出有抗体,即表示他们曾感染过新冠。

在4月3日和4日进行采样的时候,圣克拉拉郡确诊的人数是1100人。该郡总人口为190万,这意味着感染率为0.06%左右。

但在接受检测的人中,实际发现抗体的人数在实验样本的2.5%至4.2%左右,这意味着圣克拉拉郡实际感染的人数在48000至80640人左右。

斯坦福大学教授伊兰·本达维德(Eran Bendavid)博士在接受ABC的采访时也表示,圣克拉拉郡的实际感染人数是官方数字的50至80倍。

这也就能理解当下纽约的医疗策略,非重症患者不收入治疗。不管怎么说,数字下降都是值得庆幸的事。

另一件值得庆幸的事是，西雅图第一个接受疫苗的女英雄，一个多月天天去和确诊感染者接触聊天，至今没有感染，没有副作用。

下午2点开始，由LadyGaga组织的全球明星居家音乐会开始。我在1:55分开始，打开amazon的prime video，开始倒计时，同时进行的另一件事是磨墨。很久没临帖了，打算一边听音乐会，一边临帖。看了音乐会一会儿后，觉得都唱的不错，但也没特别打动，转去看叹息桥，昨晚看了一半。就这样一边听着叹息桥，一边临帖。两个小时，只临了毛公鼎和张迁碑各48字，比平时临的慢了很多。

晚上8:30是七堂第一期线上节目，浩哥、文婷、小唐、艾琳来了，分享了学琴的契机和经历，聊得尽兴，彼此也更多了解了。下一期节目打算聊茶。

疫情中的纽约流水

4月19日 2020年

花迷蜂蝶天渐暖，人醉日丽疫稍消。

今天周日天气好，车人都比平日多，海滨很多人在跑，在走，也有坐在长椅上看风景的。竟然仍然有人，没戴遮掩口鼻的围巾口罩之类东西。看到警车在人流中缓缓行驶，这是唯一的异样。

路过纽约大学附属医院急诊室，门口竟然没有一辆救护车。一只雄鸽子步履蹒跚，追着一只雌鸽子，两只鸽子横跨斑马线，从路的这头浪到了那头。为了不破坏它们的好事，我暂停了转弯，等到它们消失看不见了，才转。

路过Pop Eye，路过肯德基，都开着，想吃炸鸡，却又嫌麻烦停车去买，想想家里满满的冰箱，没有了买的动力。

昨日文婷联系我，日落公园有一个公益组织想给纽约大学附属医院的医务人员捐午餐，一日100份，想找亚洲餐馆来做，给餐馆一份$12的补贴。我把消息转给了医院附近还开着的两家餐馆，让他们自行联络，真能联系上的话，大家都好。

这些日子很多人拿到了纾困金，布鲁克林八大道的鱼铺肉档菜摊，趁此一窝蜂都开了，据说一些店之前就买好了高价保险。辖管八大道的警察局知道后，通知了民安队，请他们协助。民安队决定，即日从早上十点到下午两点，派车巡逻，用喇叭告示"请大家赶紧回家，不要出来"。

在最近的数据统计中，亚裔依然是感染率最低的族裔，为了吃大家都不顾危险了，蛮符合华人习性的。对美国人而言，玩乐可能是最大的，佛罗里达宣布开放杰克逊维尔海滩，开放时间在每天早上6点到11点和下午5点至8点。结果宣布当日半小时后，空无一人的海滩就挤满了成千上万的人。

最后分享两段小蔡医生在自己朋友圈的忠告：

我只能以个人经验和经历告诉大家，在美国，老人院或者康复中心最好不要去。大多数去了就没了，出不来了。特别现在特殊时期，美国医院不会让病人住很多天，都会送到康复中心，然后老人院。而那些地方可以不公开病人的情况，所以一个人是否感染新冠都不一定知道。那边一般都比较拥挤和缺少人手，所以肺炎和尿道感染褥疮是最最常见的，而且都一个得了传给好几个人。同时那边的护士一般来说是比较不负责，因为工资比医院低。听几个在老人院里工作的朋友告诉我，现在每天都死好几个人。夸张的是有些老人从老人院去了医院看别的病或者检查，得了新冠不知道，还送回老人院。

虽然等了好几个星期才到，但这个检测器真的不错，而且事实证明趴着睡有多重要！一个新泽西 Valley Hospital ICU的肺科医生朋友经常发短信给我让我趴着睡，甚至18个小时一天，如果肺氧到90以下。我自己也读过很多类似文章，也知道对睡觉呼吸暂停综合症有帮助，而且死亡率大大降低。

疫情中的纽约流水

4月20日 2020年

几天没什么新闻，一有新闻就是大新闻。石油期货交易价5月竟然跌到负数，这意味着你买油的话，还送你钱。据报道这是因为前一阵，沙特和俄罗斯大量生产石油，而现在全球经济停顿，石油用量大降，储存石油空间有限，不能再存油了，连输油管里都是油，海上油轮一天租金涨到了10万美金。继股市熔断后，这又是一个活久见，接下来全球油田停工？

以前解决产能过剩，最有效的方法就是战争。战争在消耗物资的同时也消耗生命，这些物资和生命被消耗掉后，新世界的秩序重新建立，战胜方通吃一切，获得看不见却影响力无远弗届的权力，权力支配一切。好在文明在进步，全球范围的战争已经不大可能发生，过剩的产能怎么被消化，只能暂时由政府买单，然后在以后漫长的时间里去平账。美国因其美元的特殊性，可以大肆印发美元，其他国家则要通过其他手段来平抑通胀。中国最近要推出电子货币，也是一种方法。

另一种方法，就像近日米其林三星MASA那样，推出$800的寿司盒，能四个人食用。我记得很多年前去MASA，两个人吃掉$1500多，还和MASA合了个影，$800四个人吃算便宜了。这个方法适合法国意大利这些出产奢侈品的国家，会有人愿意为排场和虚荣买单。这让我想起，日本有一个明星是爱马仕的铁粉，家里所有物件都是爱马仕的，连洗手间的擦手毛巾都是爱马仕的。

淑今天去上班了，我可以练一下搁了一月没练的箫。以为会忘，试了下《寒江残雪》，第一个音起后，后面自然而然想起来了，一两个音符有些忘了，但因为旋律记住了，试一下就找回来了。可见只要练的功夫到了，并不会轻易忘记。

昨天晚上，特意抽出时间，看了赵家珍师伯线上直播《龙翔操》的回放，虽然只教了第一段，但琴曲细节的处理和刘丽老师教的一样，包括泛音段的前后速度，以及泛音后段速度变化，会影响第二段的速度等等。赵师伯和刘老师当年都亲受张之谦老先生传授此曲，又一次亲历什么叫传承有序，以及传统文化的师承为什么如此重要，都在这些细节的坚守中。

疫情中的纽约流水

4月21日 2020年

今天早起,需赶去法拉盛处理下公务。出人意外的是,早上车还很多,到布鲁克林桥前又堵了,果然大多数都是上桥的车,这个时候进曼哈顿的人依然很多。

回程经过Costco,8:45刚过,停车场已经停满了车,排队的人似乎绕了Costco整整一圈,即使之前囤了很多食物,现在也消耗完了,又到了补货的时候。

想想在这非常时期,没有断水断电,已经是万幸了,生活里一旦水电没了,那才真叫灾难。现在物资这么丰富,大家还都在抢这抢那,一旦没水没电,不要说生活,生存都有问题。所以疫情期间,虽诸多困难,但想到生活还是在正常的继续,有水有电,饿了吃困了睡,除了胖几斤,身体很健康,当要心存感谢。

下午去了趟唐人街,原来曼哈顿桥底下,有很多菜摊果摊。今天只看到两摊,一摊卖菜卖水果,芋头3lb$5,香蕉两箱$5,苹果一层大约12个$9,水晶梨一层12个$8,芒果一箱16个$5,番茄2lb$2。另一摊卖海鲈鱼,一共七条,都是五六磅以上的大鱼,刚钓上,鱼鳃鲜红,一条$20,好多华人还价$10,有些过分。我花$20买了一条,拿回去和岳父母他们分一下。

东百老汇上连车都少见了,除了药房和一家超市开着门,其他都关门了,包括我们七堂。今天没上七堂,赶着送鱼去岳父母家。

今天是个吉日，之前申请的华人基金援助项目，有回音了，会有专员跟进办理。看到公司账户突然多了笔钱，是sbad treas 310，也就是之前申请的EIDL预付款，金额虽然不多，但可以抵一部分租金。我一直说除生死无大事，其实真看透了，生死也不算什么大事，该来自然来，该去自然去，努力当下就好。

春夏之交，百花盛放，又到了花粉过敏的季节，往日此时已听到周围有人在与花粉症苦斗了。我曾是花粉症的重度过敏者，每年此刻都恨不得把眼球摘下来洗一洗，由过敏引起的哮喘甚至导致昏厥过。在听了父亲老同学也是老中医的韩伯伯建议后，也参考了其他老中医意见，一年里彻底断绝生冷饮食，所有进口饮食都是热或温，坚持了一年后，过敏症状改善，渐至消迹，现在偶尔再喝冷水食冷食都没关系了，身体的过敏体质调节过来了。但要一年里忌口，很多人做不多。曾建议深受过敏之苦的宗子兄力行，宗子兄一听要把冰激凌戒掉，马上就不干了。其实一年很快就过去了，和过敏时的痛苦比，不吃冰激凌真算不了什么，从这个角度看，我还真不是什么美食家，至少馋不过宗子兄。

疫情中的纽约流水

4月22日 2020年

疫情还没结束，人们就不由自主地想放飞自己了。周六晚上警察突击布鲁克林Canarsie社区，至少有60人被发传票，这些人在一家酒吧门前聚会赌博。无独有偶，位于布碌仑曼哈顿桥下的多米诺公园(Domino Park)，也有数百人在聚会。他们无视"保持社交距离"的警告牌，拥挤在草坪上享受阳光。其中许多人都没戴口罩。

跟这些老外的放任相比，华人非常小心谨慎，即使现在高峰已过，仍然怕被感染而不愿开工。一直开着的飞龙超市，给收银员开出了$100一小时的高工资，如果出全勤的话，一周就有$2500，一个月就有$10000，这么高的工资我都想去做。全纽约，只有华人超市关门，韩国人的超市，美国人的超市，甚至连希腊人的超市都开门。但这种小心谨慎也让亚裔成为感染率最低的族裔。

纽约市为老人送菜的服务竟也惠及到我父母，父母的朋友介绍他们去一个送菜上门的网站登记。我拿了登记的网站后，一直忙着没申请，可今天有人送菜上门了，是个非裔小伙子，东西放在门口就走了。有苹果、面包、胡萝卜、罐头、奶酪，林林总总一堆，两个老人可以吃两日。

今天Belt PKW上的车不多，海边人也不多，依然是安静的假日气氛，一些刚开门营业的餐馆，外卖电话打到爆，不得不停单，就像亚马逊上订单一下子涌来，只好停止一样。观察了一下，凡是华人经营的店，基本都是一家人自己在做，员工宁愿在家也不愿上班。其实他们在店里很安全，但上下班如果使用公交系统的话，真的风险很大。

疫情还在延续，老年人真的不要出门。有一个上海孤老，家人都在上海，只他一个人在纽约，因为不想自己做饭，去老人中心领免费餐，结果感染新冠肺炎走了，上海的家人到现在都不知道。

前天接明师电话，聊了关于毛公鼎大字该怎么写，陈巨来师除了篆刻，其实画松也是极好的，家里床头就挂着一幅自己画的松，而石头是吴湖帆画的。一阵闲话后，明师突然说自己也差一点挂了，原来作息时间没规律后，大小便不通了，问了几个医生后，有人建议叫救护车，明师不愿意叫，最后喝了整整一瓶麻油后，通了，一切又正常了。

一天又一天，日子过得很快，希望大家早点都能打到疫苗，恢复正常生活。

疫情中的纽约流水

4月23日 2020年

现在几乎形成了一个新的作息规律：午前先处理一些paper work，吃饭后有事则出门逛一圈，没事则开始学习古文或小学，练下琴，临下贴，间或刷下屏。

今天也是饭后出门，去了趟羊头湾的避风窝。为什么不叫避风港，叫避风窝？首先是因为小，海湾延伸到内陆，成了一条小河沟。其次是那里堆满了私家游艇，一个私家游艇窝。现在还不是航行季节，所以很多船拖到陆上维修，有些一看就是自己在刷油漆，补漏洞，有些是修船的匠人在动大手术。风里裹着浓浓的海腥味，还夹着看门狗的汪汪声。我到这里来见一个老朋友，疫情期间他竟然还开着门，而且生意还非常好，大家都戴着口罩。我很久没见他了，他气色依然非常好，正和一个老乡在聊天，跟他交代完，也没多停留就走了。以前只要有空，都会聊一会儿，疫情期间一切从简。

我基本不看新闻，也不看报纸，来美国久了和美国人一样，对周身之外的事都不太感兴趣，也要怪自己的事忙不过来，哪里还有闲时间来关心天下。所以照我看来，那些互相干架的，每每唯恐天下不乱的，都是闲出来的，真忙了，谁去瞎操心。

但美国中文电视的新闻有时会看，他们做新闻很认真，有公信力，而且眼光独到。今天看到记者小李采访贾维茨中心的新闻，现在贾维茨中心收了200多病人，重症病人不收，社区肺炎病人也不收，只收需要护理的新冠病人，迄今已经有1000多人病愈出院了。小李还采访了军医，有两个是华人，一个还住在佛罗里达，都是自愿申请来服务的。华人里面既有为一小时$100工作的人，也有像他们这样自愿冒风险的人，这就是人性的多样性。

这些日子一直在线上开会讨论七谭的第二弹，今天总算敲定了细节，进入宣传。七堂的线上节目七谭这个周六晚将推出第二弹，"茶言观色"，到时会连线在西安的麦田，分享喝茶心得。

疫情中的纽约流水

4月24日 2020年

阴，雨，阴，雨，一天就是这个阴阴雨雨，时阴时雨的节奏。早上略早起，团队要最后走一遍明晚七谭"茶言观色"的程序，这样到时大家心里都有底。

出门一趟，办完事马上折回。依然在布鲁克林桥前堵了下，去曼哈顿的人还是比较多，虽然曼哈顿所有的娱乐都没有了，但曼哈顿还是有魅力吸引大家去，曼哈顿是纽约的心脏。

回家，泡了汉中仙毫，翻开停了几日的古文教材，读附属材料的汉字部首，材料基本依照《说文解字》的归类方法。几个字的本义比较出人意料，圣的本义是通达事理，肯的本义是骨上的骨间肉，在寿司里面金枪鱼脊骨间的中落就是肯。曼哈顿有家叫Wokuni的日餐，就提供这种带肉的肯，让顾客自己刮来吃。有些字的本义，已经离奇得近乎荒诞了，胡的本义是牛脖子下垂的肉，叔的本义是拾，术的本义是邑中道。

读到脩的本义是干肉，对孔子收学生学费之束脩，有了更鲜明的印象。那时能吃上肉的人本来就少，干肉是吃不了后晒干了的肉。孔子的学生都是家里非富即贵，否则作不了孔子学生，颜回是个特例吧，也可能颜回作孔子学生时家境甚好，后来家道中落了，像曹雪芹那样。

读到行部字的时候，想起了智的金文，也就是现在临的毛公鼎中的"智"金文，这是一个非常明显的"行"字中间夹一"口"，底下是个"甘"字，整个字的意思可以解释为"小步走也能找到好吃"，也就是笃悠悠走也能找到好吃的，这就是智。有意思的是代表智慧的希腊文Sophia（σοφα，sophía），词根sapere (lit.'"to taste; discern"'), sapiō（"I taste; I am wise"），有尝味的意思，也和吃有关。两者的区别是东方更强调找到好味道，西方更强调辨别味道，东西方文化基因里的审美指向，一早就迥异，也预示着两者今后完全不同的文明走向。

晚饭之后，弹琴调弦时，又把七弦的璇玑轸子拆下重新调整，这次总算搞明白工作原理了，重新装上后不再打滑，其他几根弦也要再重新调整。

疫情中的纽约流水

4月25日 2020年

阴雨之后就是晴，天气好得让人忘记昨天是怎样的阴森晦暗。善忘是人类的天性，给点阳光就灿烂也是人类的天性，人类就是活在当下的灵长类动物，为当下所困，摆脱不了当下。日语的谚语里有"一寸先は闇"，一寸之前是黑暗，人类对下一刻将发生什么无法预知，黑暗既可能是危机也可能是生机，就像当下的疫情，虽然似乎是控制住了，但每天仍然有近万新感染的病例，入院人数上千，下一刻会发生什么，还真无法预料。

有些事是可以预料的，家附近的Costco人满为患，排队要等很久。索性开45分钟，到30英里外的新州Edison，那里的Costco据说不用排队。于是中午开去新州Edison，经过Verrozano桥的最高处，往外远眺。一边是赫德逊河一望无际的入海处，一边是影影绰绰的曼哈顿，前者疏阔，后者绵密，都在阳光下熠熠闪光，岁月静好得完全忘了疫情。

一路奔驰到Edison的Costco，虽不像朋友说不用排队，但很快就能进场，只等了五分钟左右。毕竟是大公司，管理下的功夫表现在细节上，令人印象深刻。在门口时有专人递消毒纸，让人擦拭购物车。进口处有专人统计人数，看多少人离场，就放多少人进场。一个收银机两个工作人员，一个扫码结算，一个放回购物车，一旦空下来，就喷消毒液擦洗，收银机周围，凡有接触的地方都擦洗一遍。

商场里食物非常丰富，但厕纸、消毒水这些紧俏品依然缺货，那些一个月前没有抢到厕纸的人，真要抓狂了。

回家马上用今天买的食材煮了一锅咖喱，咖喱饭百吃不厌，当年离开日本时，跟友人开玩笑，离开日本只有两样食物会让我怀念，一个是咖喱饭，一个是拉面。现在咖喱饭自己可以煮，拉面店则已在纽约遍地开花。

朋友圈看到好多朋友在晒健康包，有医用口罩、消毒湿纸巾、莲花清瘟胶囊、知识问答手册还有一封总领事的信。这是纽约总领馆给侨团，让侨团发给侨民的。像我这种和侨团、领馆八杆子都打不着的人，祖国温暖的阳光肯定照不到我。平时热心公益的人，祖国的阳光是应该多温暖温暖。

在朋友圈转了一篇伯格理在贵州苗乡石门坎，帮助苗民改变生活状况的文章。石门坎苗乡，因传教士而发生的巨大改变，之前就知道了，但文章里没有提49年后，特别是文革后的迅速蛮荒化，几乎又退到以前穷困的状态。舫哥看了发出灵魂一问"什么是中华民族的诅咒？"，我回答"一言难尽，从这个苗乡的巨变看，其实还是现代文明教化的结果，有意无意抵制现代文明就是诅咒吧，但这个抵制的深层原因也是复杂，简单说就是中华皇权+苏联体制+民粹情绪，邓去掉了皇权，压抑了民粹，保持了苏联体制。但现在的包子却在刻意重塑皇权动员民粹。舫哥这个问题问得深"。

疫情中的纽约流水

4月26日 2020年

今天是个淫雨霏霏的日子。以前一直不理解为什么这种绵绵密密的雨要叫淫雨，是过度的意思吗，是说雨太多了吗？今天看到淫的本义才总算明白，淫本来是浸润的意思，雨下得细密湿漉，确实浸润万物。在这浸润万物的雨中，看到跑步的人，他们也盼望被浸润吧。

昨晚七谭第二弹之"茶言观色"有13个朋友参加，大家都在自己家泡自己的茶和大家分享。有马里兰的小龚，有西安的麦田，其他人都在纽约，一个小时聊茶，聊茶的用途。乖姐分享的两个办法还真可以试试，她每次喝完茶，就把剩下的茶叶晒干，打成粉，然后作花泥。另一种方法可以把茶叶放入茶袋，或者小网球内，煮汤时放在汤里，增加滋味，这两个方法都很简单易行，居家期间可以试试。

宋代陶谷《清异录》中，记有这么件事：宣城何子华，邀客于剖金堂庆新橙。酒半，出嘉阳严峻画陆鸿渐像，子华因言："前世惑骏逸者为马癖，泥贯索者为钱癖，耽于子息者为誉儿癖，耽于褒贬者为《左传》癖，若此叟者溺于茗事，将何以名其癖？"杨粹仲曰："茶至珍，盖未离乎草也。草中之甘，无出茶上者，宜追目陆氏为甘草癖。"坐客曰："允矣哉"。意思是：何子华宴请客人，挂出严峻所画陆鸿渐像，对客人说："历史上晋朝的王济，爱好骏马，人称'马癖'；和峤爱好敛钱，人称'钱癖'；三国吴虞翻好赞誉儿子,人称'誉儿癖';杜预爱好读《左传》,自称《左传》癖。像这个老头子,爱好茶事,该称他为什么'癖'呢?"座客杨粹仲说:"茶虽至珍,仍离不开是草类。草中甘甜的,没有一种比得上茶,我们且追陆鸿渐为'甘草癖'!"客人们拍手称快。陆羽因爱茶而被称为甘草癖,我们这群爱喝茶的人也可算是甘草癖吧。

昨日州长说要让纽约5000家药房都能检测新冠病毒,这样就能加快检测的进度,为彻查做准备。现在看来,新冠病毒就像流感病毒一样,将会长期和人类共存,检测的意义其实不大。很多人感染了,但都没去检测,靠硬撑,靠休息,靠基本的药物康复了,可以说大多数人都是靠休息自我调养康复了,进医院的都是非常严重的感染,不是有并发症就是已经不能呼吸,所以进医院的都插管。从目前状况看,不到万不得已不要进医院,尽量自我隔离后调养,克服病毒才是上策。在大规模感染,无法彻底阻断传染途径的情况下,疫苗是唯一选择,希望疫苗快点上市,这样日子才能恢复正常。

疫情中的纽约流水

4月27日 2020年

好消息越来越多，关于病毒的真相越来越明。明天4月28日，八架空军的雷鸟和七架海军的蓝天使将在12点飞过纽约。我估计他们应该是从Verrazone桥上空飞进纽约，然后在炮台公园上空表演之后，再飞离。如果这样的话，从我家窗口也能看到。

医疗舰舒适号4月30日离开纽约，贾维茨中心也将在五月关闭。4月26日，也就是昨天，州长库默表示，全州住院总人数持续下降，新增死亡人数降至367人，创下3月新低；新增5902例患者，为一周最低。这些数据，都给希望早日复工的民众带来希望。

最近美国也首次发表新冠疾病治疗指南，这份目前最权威的医疗报告指出，新冠病毒当下还是无药可治，不需要为预防而吃任何药物，也不需要在接触感染病人后吃任何药物预防。指南中给感染病人分了五级：无症状或症状前感染、轻度发病、中度发病，严重疾病，危重症。指出三类人容易致死：65岁以上人群、生活在养老院中或者长期需要照顾的人群。需要住院观察治疗的是中度发病之后的三类病人，但指南里对这五类病人都特别提及"没有足够的数据支持或反对任何抗病毒或免疫调节治疗(AIII)"。相应的治疗方案都是基于某种症状，比如肺炎用抗生素。真如我昨天提到的，既然新冠病毒无法消灭，无药可治，只能一靠防护二靠免疫来保全健康。在怎样的防护措施下恢复正常的工作生活状态，又是一个考验人类智慧的地方。看到杭州有小学生带一米帽上课，这也是不是办法的办法。这种一米帽像宋代的官帽，宋代官帽的两根横棒，是为防止上朝的官员交头接耳。

看到692在下午发了这个短信"Notify NYC: Alternate Side Parking will be suspended for an additional two weeks through Tuesday, May 12th"，换边停车条例将延至5月2日，意味着13日后全面复工了。

疫情中的纽约流水

4月28日 2020年

今日早起，法拉盛一游而回。天蓝日丽，凉暖适宜，过278 Navy Yard附近遇交通事故，两车追尾，一途拥堵，消防车斜插路中央抢救。看不到车中人情形，似乎不严重。

本想睡个回笼觉，可烤个面包，涂个鹰嘴豆泥，切几片熏三文鱼，看了第三期脱口秀云海选后，时间就到中午了。12点开始有海空军联袂飞行表演，察路线图，从我家窗前经过三次，果然第一次横过，第二次朝北越过，第三次最刺激，迎面而来，呼啸而过。

下午去飞龙超市补些货，排了半小时进场。一进场就看到顾客和收银员吵架，把大白菜扔得一天世界。家里冰箱都满的，就帮父母买了些青菜水果，同去的淑说飞龙东西太贵了，什么都比之前涨了一倍，之前汤骨0.99/lb，现在1.99/lb，五花肉$5一块的卖到$10，菠菜一袋也要$10。确实所有蔬菜都打$2.99/lb，我一向对价钱不敏感，也没概念，但这次购物和前些天在Costco的购物一比，后者还真是良心，难怪飞龙能出天价工资给收银员了。

疫情期间不但飞龙的收银员有高薪拿，送外卖都有不菲收入，有些日餐的外卖送货小哥一天就赚超过$500，工作时间还不长，5个小时左右。很多开门做外卖的店，电话打爆，接单接到脚抖，客人更是等上两小时都愿意等。这些情况，下周应该会改善，很多店5/1开始营业了。

读史记《淮阴侯列传》。司马迁真是一枝好笔，一篇韩信的生平赛过好多现在所谓的得奖小说。韩信军事上是天才，政治上却相当幼稚，虽然刘邦拜他为上将军，但对他并不是很信任，曾偷入他的军帐剥夺其军权。司马迁最后总结说："假令韩信学道谦让，不伐己攻，不矜其能，则庶几哉"，怪韩信太骄傲太逞能。用现在的话来说，韩信有性格缺陷，这可能和童年经历有关，人格相对扭曲；但又有点良心，用黑厚学观点来说，就是心还不够黑，脸还不够厚，最后失败也是咎由自取。

最近看到有一视频，一老外从海南岛三亚打滴滴到乌鲁木齐，花了六天时间抵达，打车费14694.86元。好在这些费用包括滴滴车返回的费用都是由法国一旅游城市赞助的，对城市推广旅游的宣传费用来说不算太贵。

疫情中的纽约流水

4月29日 2020年

一日晴一日阴，今日又阴。出门，街上人车似乎多了些，至少多了些喧哗，不像此前一味安静如穆。连日的数据显示疫情在转稳，再加上关了的店又开始营业了，人心久静思动。

一直认为华人善忍，也确实如此。耐不住性子，跑出来玩耍透气，跑步晒太阳放风的，所见多是白人，特别是年轻人居多，自由的身体和灵魂一样都是关不住的。

最新的族裔感染比率和上述观感完全不一样。最新的族裔感染比率，亚裔到了14.6%，而白人最低8.9%，非裔16.9%，西班牙裔32%。这个比例也反映了各族裔不同的生活质量，以及经济社会地位。新冠病毒就像一把尺，把资源分布不均测量出来，这也是一直有人担心，民主党的州长市长心怀鬼胎，希望用这些数据来获取政治红利。而吊诡的是，事实易见，成因难寻，从事实倒推有倾向性的成因是容易的事，找出真正的成因却不容易，有时更是障碍重重。早些日子市长要废除特殊高中就是一例，这次新冠病毒尘埃落定之后，又会有什么倾向性的政策出台，也是要警惕的。

不得不说，在一个更文明的社会，资源分布的不平等，可以用很多方法来平衡。我父母的免费食物又送来了，这次是两大箱，除了蔬果这些生食，还有熟食，看了下有墨西哥人爱吃的豆饭，亚裔主食的米饭，还有白人爱吃的鸡块意粉，什么族裔都照顾到了。

这两日一直在录《大胡笳》，录到一版稍满意的，回头再看刘老师的视频，顿时觉得渣渣掉了一地，差的不是一点点。但好在对曲子的理解更深刻了，只是要弹出这种丝丝入扣，张弛有度的丰富性来，技术的磨练还在其次，音乐上的乐感和对音乐逻辑的理解更重要。

疫情中的纽约流水

4月30日 2020年

整日阴,早上还下了雨,下午有须臾阳光,很快又乌云密布。

今天是涨潮的日子,Belt PKW 的海岸,时有翻滚的海浪把自己摔碎在栏杆上,海水溅了步行道一地。很多人举着手机拍,我也想去拍,但还是快点办完事回家吧。

今天是四月最后一天,明天5月1日很多店会重新开门。越多店开门,经济恢复越快,对大家都好。新冠病毒,怕的人还是很多,不怕的人也不少,很多事情自己不亲身经历,很难有真切的感受。新冠病毒也一样,只有感染的人才知道痛苦。这些天听到救护车的惨叫声又多起来了,纽约大学附属医院急诊室前的救护车又多起来了。病毒依然在传染,这是非把大家都感染一遍的节奏。

美国中文电视报道,八大道61街有测抗体,费用全免,需要打电话预约,最快第二天就可以约到。八大道周围,住家人口密度高,很多是三代同居,还有好多人分租一套房,疫情前人均分摊资源的压力就很大,疫情后又有些人从外州回来,或者不能再出去,大家都必须在家,人口的拥挤程度更胜之前。这个抗体的测试,对这个社区是必须和重要的。

昨天看到692推送这一条:Notify NYC: When home isn`t safe, domestic violence survivors can find services 24/7 at nyc.gov/NYCHOPE, 1-800-621-HOPE(4673) or 911 for emergencies。长期闷在家,相看都

讨厌，家暴的情况似乎越来越严重，以至于有这样的呼吁，如果在家不安全就打电话求救。

早上出门前，把以前用过不再用的笔又挑选了一遍，发现很多笔还是可以用，临了一页毛公鼎。回家后读了史记"魏其武安侯列传"，汉朝的外戚干政从汉初就有了。读了两篇史记，发现太史公笔下的传主都无完人，都有这个那个缺陷，这才是人性的完美体现。比如灌夫，英勇过人，战功卓著，还讲义气不势利，但平时在家在故里又是一个恶霸，欺压百姓宗室。人性历来就是复杂的，太史公写这种复杂性很到位，而且不牵强，这就是功夫。

今天又录了遍大胡笳，稍觉满意，但有些地方音准还是有问题。

疫情中的纽约流水

5月1日 2020年

看到一则新闻：

英国二战老兵汤姆·莫尔是二战时期的英雄，曾参加发生在印度的反法西斯战争，并在日本投降后结束战场服役。为了帮助抗疫英雄NHS中的医护人员，汤姆许下愿望，希望在百岁生日之前为NHS募捐1000英镑。他募捐的方式十分特别：在25米长的后院来回走100个来回。虽然汤姆已有99岁的高龄，行走起来非常艰难，但他并没有放弃，在助步器的支撑下，一步步接近目标。正是他这种不屈的精神打动了英国民众，短短几日，筹款数额就打破记录。在汤姆百岁生日之前，他已为NHS筹集到了将近3000万英镑的捐款，创下了奇迹。

这则新闻太戏剧性了，汤姆在英国引起的影响和人们的爱戴，可能只有当年的爱因斯坦可比，光寄给他的生日贺卡就超过了140万张，其中一张还是英女王的。

跟这个新闻相对的另一个新闻是：

最近，一位堪萨斯州72岁老农民Dennis给纽约州长写了封信。Dennis是一位退休老农民，他和妻子Sharon已经70多岁了。美国老农民给纽约州长的手写信："我是一个退休的农民，在堪萨斯州东北部，和妻子Sharon生活在一起。

"Sharon只有一个肺，而且偶尔会有毛病，此外，她还有糖尿病。我们都70多岁了，说实话，我很担心她。这里有一个单独的N-95口罩，是我种地时留下的。它从未用过，如果可以的话，请你把这个口罩转交给你所在城市的护士或医生。不用担心我们，我们家有5个口罩，我给直系亲属留了4个。接下来，请继续像以往一样，带领大家，抵抗疫情。"为什么想给纽约寄口罩？NBC辗转联系上Dennis，他在堪萨斯州特洛伊市的种植玉米和黄豆40多年，平时偶尔用口罩来阻挡灰尘和霉菌。Dennis与纽约没有任何联系，"我不知道那里有什么医院。我甚至从未去过东北部。"Dennis说，他大约一个月前就有了给东北部送东西的想法。于是，在找到这些口罩并给家人留了一些后，他就上网找到库莫的地址，直接把口罩寄给了他。"没花多少时间，当然也没花多少钱。我就想着把它们放进盒子里，当时我没想太多，我只是知道自己需要这样做，这只是一个简单的行为。危难当前，每个人都要尽自己一份力，哪怕像我那样，只做一件小事。"他的妻子Sharon说，我们希望传递一个信息，即使是一个口罩，也能帮助别人，我们希望外面更多的人也能这样做。

在我眼里汤姆的3000万英镑和丹尼斯的一只N95口罩是等价的，背后都是一颗金子般的慈悲之心。然后又看到一个新闻说，布鲁克林有个38岁的华女被一通"美国银行"的电话骗走了18万美元。据报道联邦贸易委员会FTC统计，从1月1日起收到18235件有关新冠肺炎的诈骗通报，总计金额达1340万元。由于并非每位消费者都会向FTC报告诈骗，因此实际诈骗金额可能高出许多。正是因为有这么多人受骗上当，诈骗犯罪成一本万利的生意了。我现在每天都接到4个以上的诈骗电话轰炸，比客户电话还勤。

不但诈骗横行，更有窃贼偷纾困金的支票。有个叫陈峰的窃贼在布鲁克林八大道偷支票，被抓到时，共窃取了9张纾困支票，加上其他普通支票，总额超过12000元。陈峰是惯犯，警察在抓到他后查身份时，发现他身上还有其他案件在审理中。但因无人指证，陈峰屡抓屡放，偷窃视频被放到网上后，还成了网红。

有百岁老人为帮助人而耗费体力，有老农民捐赠仅有的五个口罩中的一个，也有人肆无忌惮地行骗盗窃。世界就是这样，有善必有恶，有光明的地方必有黑暗，反之亦然。

疫情中的纽约流水

5月2日 2020年

周六又是一个好天，气温也好，华氏70度，不冷也不热，热到穿长袖绒衣不觉热，冷到穿汗衫短裤不觉冷，难怪海边又多出好多人来，和疫情前的平日无甚两样，唯一异样的是，很多人戴了口罩。

春天不但花开得妍妍灼灼，叶子的绿更是丰富得超过想象。街角的玉兰树，一树繁华落尽后，是满树的草黄绿，银杏树的芽开得更大了，正由嫩绿向翠绿转化。原先街道两旁，光秃秃的树杈都变绿了，每棵树的绿都不一样，生命在春风中勃发。

早上母亲突然打来电话，说又有餐送来，这次送得更多。我本来就不吃这些餐，家里的冰箱还是满满的，更没胃口吃洋餐。母亲说她们的朋友殷医生，为了不让送餐的小哥再送，还塞了$5给小哥。可后来殷医生接了数通电话，都是送餐中心打去的，问她为什么不要免费餐，她也如实相告，实在吃不惯。这个送餐的好事，现在竟成了父母她们这批老人的心理负担。父母问了邻居周围的朋友，都不要，最后没办法，只好放在大楼入口的桌子上，任人取用。

虽然老年人在这次病毒袭击中最脆弱，特别是老年中心更是灾难中的灾难，但也有奇迹。CBS报道，布鲁克林羊头湾附近，一家老人护理中心，一位104岁的老人感染了后奇迹般康复。她77岁的女儿介绍说:"Until the age 95, she walked five miles a day in Marine Park, Brooklyn, which she called the 'health park', because she loved to exercise, Senese said. She also ate a red Mcintosh apple and drank a glass of red wine every single day until age 102"。95岁每天还走5英里,到102岁时每天一个苹果一杯红酒,更重要的是老人的乐观精神,她相信她是幸运星下凡。

老寿星生活的羊头湾主街,虽然很多店还是关着,但和几日前比,最大的不同是,两边街道又开始停满车了。疫情严重期间,这里空荡,如今又开始恢复繁忙的样子。

"这瘟病的威力实在太大了,健康人只要一跟病人接触,就会被传染上,那情形很像干柴靠近烈火,只要一接近就会燃烧起来。情况甚至比这还要严重,不要说接近病人,就是跟病人说说话,也会染上这必死无疑的病症,甚至只要接触到病人穿过的衣服,摸过的东西,也会立即染上这种疾病。"这段话像不像是对新冠病毒的描述,简直一模一样。这是《十日谈》里的一段对瘟疫传播的描述。

下午读石磊的《太太党人》,她和谢春彦煲的电话粥,还是很有读头的。她写陈逸飞在画被拍卖成功后,买了很多爱马仕丝巾送拍卖行的女士小姐。拍卖会只请了谢春彦,把他从上海接来,却没请纽约的上海朋友等等,读到这里,都会会心一笑。老人肚里这些掌故轶事很多,写下来媲美世说新语。写张充和写字的情节也有意思:"结果么,那日,老太太特特打开一件小行李,取出笔墨砚台,哦哟哦哟,一点点大的小砚台,一点点大的明朝的墨,一管极细的笔。我殷勤讲,我来磨墨。老太太不要,我的墨,你不会磨的,伊嫌鄙我,我看伊自己磨,满有讲究,先来这样这样几十下,再来那样那样几十下,纹丝不乱的,满好白相。"写她自己的句子:"十分冷淡存知己,一曲微茫度此生"。

谢先生关于古体诗也有妙言:"何满子先生也精旧体诗,有次跟我讲,春彦,打油诗,打油的,是题材、情绪,平仄音韵,还是要讲究要严格的。我觉得何先生讲得对,我后来吃不准的时候,就偷懒,写山东顺口溜了,不敢随便打油。"纽约华人社区就有所谓古体诗大师,诗才和乾隆比还有云泥之差,但一天一首的速度有点赶超十全老人的架势。人都会自恋,但也要有自知自明,比如我知道自己写格律诗不甚好,最多就在自家的院子晒晒,不必满大街去自爆其丑,当然现在这个社会也确实已经进化到以丑为美的时代了。

疫情中的纽约流水

5月3日 2020年

天气虽没昨天好，但也是一个春风拂面神自清的日子。如此好天，在纽约大学附属医院急诊室门口，却停了六辆救护车，刚看到新增死亡人数又上升了。

在Owl's Head Park的门口，看到哈西迪犹太妈妈，给她的五个年幼的孩子分口罩。哈西迪妈妈可能是当今发达国家中最能生育的母亲，她们肩负着要把被纳粹屠杀的犹太人口生回来的重任。

下午读《霍光传》，原来赫赫有名的霍去病是私生子。霍去病认父这段写得很跌宕，霍光也因此得以进宫，最后被汉武帝托孤。武帝如此信任霍光，班固说是因为霍光为人沉静祥审，我觉得是霍光这人有极其严重的强迫症，所以武帝放心托孤。证据就在"每出入，下殿门，止进有常处。郎、仆射窃识视之，不失尺寸"，每次进宫停止行进都在一个地方，警卫们悄悄记下看，不差分毫，这得有多大的强迫症啊。

昨晚七谭的第三期"画中有话"来了16位朋友。七堂国画老师波罗讲了国画的审美体系谢赫六法，带大家欣赏了郭熙的《早春图》；非儿分享了怎么从画中细节知道八破图的作者，山水画从北宋到南宋再到元之后文人画在构图上的演变；范范分享了有人用编程来画国画；伟力分享了他怎么用名画的高清图来制作挂画。大家还分享了一些当下受人喜欢的国画画家，如彭薇、鱼山饭宽、圕生等。

讲到画，在《太太党人》那里看到五张西班牙流感流行期间日本的宣传画。西班牙流感流行期间正是日本的大正时期，作为一个前承明治后启昭和的短期时代，这个时代是日本人庶民生活的黄金时代，西方民主和个人主义色彩浓郁，整个社会清新又繁盛。直到现在仍有很多人怀念大正时代，这些大正时期的宣传画也正反映了那个时代的特色。

疫情中的纽约流水

5月4日 2020年

桐木关的茶，除了传统烟熏的正山小种，其他的都好。这些天又把正山小种和老丛红茶拿出来喝，以前还没觉得正山小种怎么样，但在小赤甘、大赤甘、老丛的轮番冲击下，越来越不喜传统正山小种了，也可能这些天红烧肉吃得多，越发闻不得烟熏味，也可能潜藏的中国人本质，被磨砺得越发精纯。当日桐木关的茶庄老板娘就说，中国人不好这一口。但按照现在连Costco都限制买肉的形势看，以后可能还真需要正山小种来解解肉馋。

回来时看到邻居安东尼，拉着他的狗儿子从街角转来，戴着口罩，把口罩拉到下巴。打了个招呼后，他说老人中心真太惨了，你摔断腿也没人管你，看到有老大爷被护士弃之门外，我就伤心极了，说着眼泪从他眼眶里汩汩流淌下来。他说我今年67岁了，我跟我前妻讲，跟我大女儿讲，千万别把我送进老人中心。这个安东尼是意大利裔，有意大利人常见的那种小心思。当年他母亲去世时，给他留了笔遗产，他买下租的公寓，又买了辆日产车，然后就把跟了他18年的第二任西裔老婆赶走，所谓同患难不能同富贵。可把老婆赶走后，又耐不住一个人的寂寞孤独，再去求西裔太太回来，人家再也没回来了。

意大利地方不大，但南北民风迥异，相对北部的文明开化，南部似乎一直就处在愚昧蛮荒的状态中。美国早年的意大利移民基本都来自南部，也把南部的黑手党文化带进美国，至今纽约的长滩依然是他们的大本营所在。我住的湾脊，最奢豪的房子据说也是某教父的房子，每年圣诞节都花重金张灯结彩。

前些年去意大利，走了罗马、翡冷翠、威尼斯三城。住的时间最短，最喜欢的还是翡冷翠，翡冷翠没有罗马的喧嚣，也没有威尼斯的局促，山河秀美，底蕴丰厚，那里温州人炒的青菜也好吃。虽然城是小了些，但城外有很多去处可以弥补。翡冷翠的美是浓缩了精致的美，慢慢品尝更好。

美第奇家族是对翡冷翠影响巨大的家族，无论之前还是之后，似乎都没有像这个家族这样，影响了翡冷翠，影响了意大利，甚至影响了世界文明的进程。这几天看了三集电视剧美第奇，读了三章保罗·斯特拉森写的《美第奇家族》。说实话此书翻译得很烂，很多句子都不通，但好在不是什么文学作品，意思明白就好。电视剧的美第奇就是戏说，当不得史实看。读前三章让我印象深刻的有两样，一是中世纪的欧洲，家族观念很强，跟中国几千年的家族观几乎一致，不以个人为荣，以家族为荣。另一个是美第奇家族是在翡冷翠和米兰的战争背景中崛起的，当时意大利的各城邦，还在为争版图而打得不可开交，可中国早在秦始皇的手里就结束了版图之争，这距那时的欧洲已是1500年前的事了。从这点看，中国的文明确实早熟，历久而不能弥新可能是最大的问题。上世纪的所谓五四之后，也是造化弄人，给古老的文明续了根不三不四的狗尾，这根狗尾的不适和尴尬一直影响到现在。今天正好是五四，很多人在纪念五四，我这也算是纪念吧。

疫情中的纽约流水

5月5日 2020年

去年买了太多茶叶，本打算用来作茶会，可茶会没作几场，茶叶没用多少，也没怎么喝，都囤起来了。白茶、岩茶、生普，存放时间越久越好，乐得先不喝。红茶、熟普放久一点也没关系，唯这绿茶最经不起放，所以居家期间，几乎日日绿茶，把先前存的碧螺春、龙井喝得片叶不存，现在开始喝汉中仙毫。

汉中仙毫是产自秦岭的茶。茶不耐寒，低于摄氏5度就停止生长，秦岭是茶能生长的最高纬度。入的汉中仙毫是去年的开园茶，所谓开园茶就是头采茶，一年里初生最嫩的茶青做的茶。汉中仙毫全是芽头，粒粒如笋，酚氨比低，茶汤碧滢，香气清盈，入口鲜爽，回甘干净。茶叶富含维生素C，通常每百克茶叶中含有100～500毫克维生素C，比柠檬、菠萝、番茄、橘子等含量都高得多。人体每天只需60毫克维生素C，即每天只要喝上3～5杯茶就可满足。

当下疫情虽然已被控制，但形势依然不乐观。早前就有维生素C对免疫新冠病毒有效的说法，以至于弄得市面上的维生素C一瓶难求，其实不用吃维生素C的补充剂，天天喝几杯茶就好，不但维生素C，就是必须的B、E都可得到补充，更别说其他微量元素了。

疫情期间，什么东西一紧张，就会引起哄抢，最近肉紧张，大家都在抢肉囤肉，连带敞开式冰箱也热卖，朋友说现在连冰箱也买不到了，都抢完了。

之前学校开网课，很多人在家上班，视频用摄像头和麦克风也卖到飞起，入手困难。世事变化无常，但总是几家欢乐几家愁，看似动荡，却又在某些地方恢复平衡，这也是一种能量守恒。

今日收到三则692短信，一则是医护人员如果需要一个地方住以降低传染风险的话，市政府可以提供免费的酒店住房；两则是地铁从明天开始，凌晨1:00-5:00停运消毒，此间交通会有公车转运。虽然是好消息，但总觉得慢了好几拍，官僚制度下的对应总是赶不上节奏。

我总觉得，新冠病毒是终结者，是工业革命之后，靠工业革命建立起的生活方式的终结者。工业革命不但带来了生产力的飞跃，更是从根本上改变了人类的生活方式，工业革命后，人类的消费和娱乐都离不开规模化，剧场、餐馆、电影院、游乐场、博物馆、交响乐、电影、歌剧、芭蕾舞、戏剧都是工业革命的产物，或因工业革命而变得普遍流行起来。新冠病毒将彻底改变这些，大众密集型的消费会式微，小众松散的消费会成为主流，七堂在未来活跃的机会会更多。

疫情中的纽约流水

5月6日 2020年

纪平姐送我的小罐茶里有几个是安吉白茶，今天开了一罐。一罐4克，封盖上写着"非物质文化遗产项目，安吉白茶炒制技艺传承人，许万福"。

第一泡沸水注入后，即刻出汤，香气冲淡，有豆香味，茶汤鲜甜，不苦涩，但滋味比较寡。边喝边读古代汉语中关于古代天文的资料，资料总结得很好，以前一些不明白的用典一下明白了。比如杜甫的"人生不相见 动如参与商"，参和商这两颗星，此上彼下，永远不会出现在同一个天空，所以永远不会相见。而关于参商还有一个神话：天帝高辛氏有两个儿子，每天打架，势同水火，于是天帝把一个儿子放到商，另一个放到参，这样永不相见，也不会再打架了，所以后世把兄弟不睦也比作参商。

读完天文资料泡第二泡，浸泡时间略久，大约20秒左右。香气更浓，豆香中另有茉莉花香，茶汤略涩，滋味丰富些，相比龙井、碧螺春，味道很谦和。三泡，四泡，浸泡时间更久，茉莉花香更明显，茶味依然有但更冲淡了。

看茶叶，一芽一叶或一芽两叶，比一般的绿茶色白，空口吃了两片叶子，先鲜后涩，很好吃。安吉白茶很容易被误会成白茶，其实是白化了的绿茶，算是非常少见的绿茶品种。

做新闻的Belinda，在朋友圈贴了一则关于比利时执行口罩规定的新闻，规定之细，令人匪夷所思。她评道"这居然不是段子！只能说领教了比利时'无微不至'的解禁方案[Salute]（何时何地必须戴口罩）。可惜没有中译文，我看着都头大，英文不熟练的看看图三我划记的部分也该有'感悟'。这忽然让我想起中西思维和文化差异在现实中的一个表现：中国人一锅一铲一双筷子能搞定与吃有关的一切；西人平的圆的宽的窄的，刀叉器械好几套忙乎半天只为享受一块牛排，一锅浓汤，几片生菜叶的盛宴。无他，自我感觉良好就行。[调皮]"

我在下面评道："一个精确，一个凑合，一个工具主义，一个实用主义，在茶上也是。"后来一查资料，发现自己搞乌龙，在思想史上，工具主义源自实用主义，都是杜威搞出来的，我其实更想说的是培根的工具论。培根非常看重工匠的技艺，强调反复实验，他本人最后就因为要研究白雪冰冻鸡的实验，感染风寒，因肺炎而亡。

从培根的新工具论，回溯到亚理斯多德的工具论，再回溯到普罗泰戈拉的"人是万物的尺度"，西方的理性一直重在分析、归纳、演绎，人的主观一直是跟自然客观相对的。东西方的思维差异，与其说是文化上的，更不如说是天性上的，当然文化和天性的关系又是一个说不明白的问题。

疫情中的纽约流水

5月7日 2020年

一早出门，车流滚滚，虽然没有疫情前那么堵，但在过布鲁克林桥前三条路都挤满了车，还好开车速度没有因挤而减慢。过了布鲁克林桥，车量一下减少很多，看来去曼哈顿的人还是非常多。

中午去了趟唐人街，七堂附近的东百老汇开始热闹。除了华人超市门前排队的人，怡东楼门前也排了很多人，看标语似乎是发爱心口罩，可能是侨团在发中领馆的爱心包。东百老汇街两边，停的车明显增加了很多，虽然大多数店家都关着门，但再不像之前那样冷清，人气有了些。

过荷兰隧道进新州，一路往南，再次来到Edison的Costco，看到Costco的油才$1.72一加仑，而荷兰隧道附近的加油站，最贵的要$2.35一加仑。

这次没有排队就进场了，厕纸、消毒液依然没有，所有肉类鱼类禽类都限一份，鸡蛋限两份，水似乎不限了。Costco的新鲜食物质量都非常好，上次来没看到有五花肉，这次来有，只是猪肉都去了皮，红烧肉的话还是带皮的好吃。华人超市的猪肉带皮，但价钱是Costco的一倍，而且新鲜度差很多。

Costco的零食种类繁多，卖相都很好，很诱人，但买后常常后悔，金玉其外、败絮其中的感觉，可能不合口味吧。作为一个有点好奇心的人，看到新东西都想试试，但试错率太高的话，好奇心也会受伤害。

看到新增新冠病毒患者84%都是在家的人，没有外出历史。以下引自长岛华人协会的新闻简报：

根据州府对新入院病毒患者的初步调查结果发现，许多住院的病毒患者都没有外出工作，或者不出行。这项初步结果来自于三天内，对全州113家医院、近1300名患者进行调查。在一切都关闭的情况下，州长说，目前新住院的病例大部分来自下州地区的纽约市和长岛，其中66%的人都在自己的家中待着，这一点令他震惊。他说，84%的人在家里，没有外出旅行和非必要的雇员，他们大多是51岁以上的人。

这些患者的特征如下：1. 没有工作或旅行。2. 主要是来自下州地区。3. 主要是少数族裔。4. 主要是51岁及以上的老年人。5. 主要是非必要的雇员。6. 感染时主要在家中（在家工作或不工作）。

此外样本调查统计数据如下：

· 57%的住院患者来自纽约市。在纽约市，45%的住院病人是非裔或拉丁裔。

· 22%的人是从养老院或辅助生活设施进入医院。

· 59%的人年龄超过60岁。

· 在纽约市，只有3%的人曾经乘坐过公共交通工具。

· 96%的人有其它潜在的健康问题。

· 37%的人退休，46%的人失业。只有17%的人有工作。

疫情中的纽约流水

5月8日 2020年

又到晚上7点，又传来一阵呼声和敲击声，这些声音都非常遥远，遥远得似乎是海那边传来的。不知道从什么时候起，晚上7点成了鼓励和赞美医务人员辛勤付出的呐喊时间。我也想加入呐喊，或举箫长啸，或鼓琴泼捌，或直接吼两嗓子，可我身处的此楼和周遭安静又祥和，最后决定，还是恪守本分，做一个不添麻烦的好市民。

早上途经纽大附属医院急诊室，门口救护车停了5辆。疫情依然严重，随着逐步解封，不注意防护而被感染的人会增加，但相对早期的手忙脚乱，现在应对会更从容。大众媒体对新冠病毒的危害性宣传还是不够，就像之前对口罩的态度一样，现在终于明白戴口罩的重要性，加强力度宣传后，如今外出的人都会戴口罩了。

今天下午又练了下箫，比上次满意，不但气口马上对上，吹箫的感觉也回来了。只练了陈涛老师创作的苏武牧羊，高音尾音的收音更有把握了，所谓熟能生巧，不是虚言。

昨日把观妙琴的琴弦重新上了一遍，琴弦是用银丝做的。照普通的上法，上完后琴弦会滑松，每根琴弦都要固定后上下一根，这样上完后才不会松动。琴弦调至标准音后，略抗指，低音弦的音色有改善，高音弦的音色太硬，以后弹还是要再调整，下次按照丝线的标准调调看。

下午就明晚上线的节目"什么是八破图"做了最后的测试。这期节目非常期待,主讲人非儿不但是七堂策划组一员,其本职工作就是波斯顿美术馆的策展人,去年波美的八破图展全程参与,她还是白谦慎在美国的关门弟子。

疫情中的纽约流水

5月9日 2020年

五月的纽约，立夏刚过的纽约，下雪了。雪不大，雪花大一点，稀稀落落，不注意还不觉得是雪。

去新鲜草原取学生租还的琴，回程看到好多车在排队，见汉堡王招牌突兀地矗立在那儿，想新冠病毒把人关得想汉堡都想疯了。等车经过星巴克，才发现，原来排长队的车龙是奔星巴克去的。

一早接到詹姆斯电话，说我的老东家周五突然炒了纽约支店11个Sales，其中8个是华人。业界某老板在送货时，遭警察拦下，因驾照问题被拘留一夜，出来后就染病，不久就撒手人寰，留下七位数的公司债务。美国最好的米三星Eleven Madison Park也刚宣布关店，不会再重开，疫情的真颜色开始一点点显示给人看了。

纾困的$2400支票终于在一堆垃圾邮件中现身，之前网上查到IRA会在5月1日寄出，就一直在等，等到了，稍稍心安，庆幸没被盗走。虽然这$2400付两个月的维持费还差一些，总归是聊胜于无。随着复工势头的渐渐蔓延，最艰难的时刻过去了。不管怎么说，我们生活在一个好时代，没有像大萧条时期，每个人只能自求多福。

前些年捡到一本书"Down and Out in the Great Depression, Letters from the Forgtten Man"，这是一本大萧条时期，普通老百姓寄给总统罗斯福的信。随手翻翻，满目绝望恳叹，这些注定被历史遗忘的人，所幸还有有心人搜集汇编成册，不会再被遗忘。我随手一翻，翻到这封信："我是一个带着14岁儿子生活的寡妇，靠微薄的薪水支撑我们的生活和让儿子上学，我觉得我值得向您要求：一件大衣，一件您不再穿的大衣，我会付邮费。如果您觉得合我尺寸并邮寄给我，我的尺寸是36或38。请您保密，我也会保密，如果您回复的话。我向您保证，我是值得您提供任何帮助的。"

疫情中的纽约流水

5月10日 2020年

今天又是个好天,可我懒得连二门都没出,就更不用说大楼的门,连窗外也懒得望一眼。

起来时已经过了11点。昨日非儿主讲的"七谭之画中有话:八破图"比预定时间晚了半小时结束,很多想问问题想发言的朋友都没机会说话,这和内容的浓厚度有关,也跟我们还没能更好地控制进程有关。昨天参加节目的朋友达到了23人,有几个还是新朋友。

好兄长邱馆长刚结束自己在图书馆的直播节目,一边扒着晚饭一边来上我们的节目。我则刚听到邱馆分享他的史景迁译作《皇帝和秀才》到最精彩处,就匆匆下线准备七谭的直播。

八破图是一个几近失传,流传也不太久的画派,在国画传统中实属异类,它流行的时候也不被文人雅士赏识,但八破图所显示的临摹技术以及创新精神,直到一百年后看依然令人翘舌,就临摹碑帖、画物绘型的技巧而言,后者现在能做到逼真的人很多,但前者能做到和原法帖一样的人少之又少。这也从另一方面说明书法之难,书法之高。

互动环节中,麦田展示了几幅她收藏的八破图,都是西安一个画家的近作。我看了下,觉得字不行。八破图的一个最主要的特点就是书法精熟,做不到这点算不上精品。我前两年阴差阳错收了四幅挂轴，每幅上半部分是八破的法帖，下半部分是清供的果品青铜器之类。书法的部分非常好，画的部分就差很多，似乎是两个人画的。

下午继续古汉语的学习，学了历法和音律方面的常识。中国的历法中不但有真太岁还有假太岁，而且无论真假太岁在黄道走的十二宫都有对应的名字，现在我们看到的古代天干地支纪年，都是后来逆推的。而音律方面的常识，之前略有涉猎，但很多还是懵懵懂懂，这次读来有耳目一新的感觉，可能由专门研究文字的人来表达的话会更清晰吧。

理论上中国的七声十二律可以组成84调，但其实用的没有这么多，隋唐的燕乐用了七宫二十一调，南宋的词曲用了七宫十二调，元的北曲用了六宫十一调，明清以来的南曲用了五宫八调。而常用的只有九种，五宫四调，即正宫，中吕宫，南吕宫，仙吕宫，黄钟宫，大石调，双调，商调，越调。古琴谱中最常见的就是中吕调和蕤宾调，两者都可看作是F调，在十二律中，中吕蕤宾相邻，根据定音标准不同都可作F调。

下午翻出一篇很多年前翻译的《男人收入三分法》，是开高健的一篇随笔，非常有意思的随笔。

疫情中的纽约流水

5月11日 2020年

今天是个典型阴晴不定的日子，出门雨，在外阴，回家晴。就像当下的疫情一样，似乎好转了，其实依然严重；看上去不可收拾，实际曙光在前方。有意思的是，最近成为话题的抗体测试，据接受抗体检测的纽约仁德医疗集团统计，截至5月7日，共检测了87人，拥有抗体者占37%，其中布碌仑办公室检测的抗体阳性率46%，皇后区40%，曼哈顿13%。

仁德的抗体检测需要先与医生预约，医生根据病人自述情况来判断是否有必要做抗体检测，医生询问的内容主要包括：是否与确诊者接触过、本人是否有症状，并且自从发生症状已经过了两周。所以去检查的人疑似的可能性大，这也是为什么检出抗体的比例高。

而另一家在布碌仑华人社区提供免费检测抗体服务，名叫"和谐社区医疗大联盟"（SOMOS）的医生表示，在他们检查的3000多人中，大约50%到60%已有抗体。另外，他们还在各个族裔社区进行了4万多核酸检测，以前通常必须有症状才做检测，因此确诊率也较高，约70%阳性，现在降低检测标准，确诊率也随着降低。

之前提到的小蔡医生在康复中开始远程问诊，他提到"我发现纽约得新冠状病毒的人还是很多，今天30多个病人估计4-5个都是。有的只是最近去过超市买过东西，年龄都偏年轻的。我个人还是建议不要出门！一个好朋友医护人员80多岁的爸爸坚持了3个星期，几乎用上所有的东西，今天还是不行，插管了。一般一个人得全家都得，年纪轻或者小孩都有风险甚至死亡，如果再传给家里高风险的，有时就是致命的。"

纽约州指湖地区率先全面复工，他们达到了州规定的标准，中部地区也会陆续复工。情况最糟的是纽约市，复工不乐观，原定5月19日结束的居家令可能又要延迟了。比较搞笑的是，4月24日宣布复工的乔治亚州，结果有六万外州居民涌入就餐，看来提前宣布复工的同时还要封锁州境。

之前携枪闯DMV的朋友CH说："美国大概3亿人口，世界人口去年5月统计77亿人口，也就是美国占世界人口约4%，总确诊人数却是世界新冠肺炎确诊人数的30%，死亡人数是死于新冠肺炎世界人口的28%，怎叫一个惨字呐，话说医疗系统竟然没有崩溃，可见美国医疗系统之实力，待到各州解禁之后估计数据还会飙升……"

和病毒共存，更好地保护自己，是未来唯一的选择。

疫情中的纽约流水

5月12日 2020年

今日天色好,我却宅家了,啥事都没做,一心审书稿。

晔哥昨日把审完的书稿发我,嘱我再仔细校一下。今日打开一看,有625个改动意见,不仅感叹太细致太认真了,也为浪费晔哥不少时间和精力而内疚不已,更叹服专业编辑的功力就是不一样。

按照建议,我把一些有图片的游记都删了,又补充了一些文章,总体字量数比之前又多出二万字,这次要更仔细修改书稿。

找遗漏文章的时候,发现还曾翻译过一篇村上龙的散文,写他一个纽约的土豪朋友,非常有趣又发人深省,晚一点另发。

看到两则都是指向武汉的新闻,一个是某快递公司接武汉省委通知,将在武汉一些地区停止揽派业务;一是武汉将在10天内全员检测核酸。这两个消息看似没什么,其实潜台词是新冠病毒又开始流行了,这次武汉政府没有再掉以轻心,而是严阵以待了。从全球以及美国的感染情况看,全球群体免疫是唯一选择,希望大家都早早有抗体,不再惧怕病毒。

看到一个比较卡尔维诺的故事,发生在巴西的圣保罗。一小偷驾车去一药房偷窃,窃得手出门后,发现座驾不见了,正疑惑间,所窃之物被一强盗抢走,偷鸡不成反蚀把米的小偷到警察局报案,遇到了也在报案的药房老板。被逮捕之后的小偷自曝,那辆被盗的车其实也是小偷昨天刚偷来的。记者好奇问，既然连车都不是你的，为什么还要报警。小偷一边抱怨一边振振有词地说，现在这世道太艰难了，连不劳而获的乐趣都没了，我偷到的就是我的钱了，这些人一点都不尊重我，这些可是我不工作的成果。

疫情中的纽约流水

5月13日 2020年

又是一个晴天，可以对应着好消息。州长早上公布的新增死亡人数是166，总算到200人以下了，希望人数赶快降到两位数，让这个世界上最具活力的城市，赶快恢复该有的活力。

另一则新闻是威斯康星州有72人检测出新冠病毒阳性，在一起包围州府要求复工的大型集会之后。生活就是这么爱开玩笑，不知道感染的人中，有多少会后悔参加集会，希望有人会藉此醒悟，体悟在病毒面前生命的脆弱，在自然面前人类的渺小。或者另一种态度也令人敬佩和欣赏，那就感染上病毒是我自己的责任，去参加集会前我知道会有这个风险，但我愿意承担。这两种都是觉悟，虽然指向不一样，但都是建立在人类理性之上的。最糟的是，被所谓口号煽动，被情绪点燃，以为自己这么做很酷，表面上是为自己，其实自己心里都不知道自己。当然百样米养百样人，不管选择什么样的行为，最后承担后果的还是个人。

下午杰克约我晚上喝茶，很久没和老茶客一起喝茶了，真想去。可今天晚上有会要开，想明晚吧，也不行，有工作，星期五、六晚竟然都有工作，再一看，每个晚上都有工作，一下子明白，为什么疫情期间居家反而时间更不够用了。很多看起来不起眼的事，一旦排上日程，就都是事了，难怪我以前那么不爱排日程，排日程就像一双手掐住脖子，自由的空气一点点都被挤尽了。

疫情中的纽约流水

5月14日 2020年

晴天,出门,帮父母拿药,还有买菜。拿药在61街,99火锅店附近,于是把车停在原先香港超市,现在叫爱新鲜超市的停车场。

到药店,看一女子正吃饭,顿生歉意,想等一下再来,那女子倒不见外,叫住我,非常麻利地抓了两袋早已准备好的药给我,还塞了一份星岛日报。

回转到超市,超市停车场的车也不多,入口排了几个人,挨个测体温,在鞋上喷消毒水,没有手套的,把门喷药的壮汉还给一副。

进了超市里面,新鲜菜还算丰富。按照母亲给的单子,拿了油菜、上海青菜芯、卷心菜、黄瓜、葱姜,还有老嫩豆腐、薄百叶、花生米、东古酱油、红枣。之前在飞龙一直买不到的糟卤有了,普普通通的白糖反而怎么找也找不到。

超市里人不是很多,跟疫情前似乎没什么两样,买鱼买肉的地方也没见多少人排队,结账时排了下队,但也很快就轮到了。收银机周围都竖起了透明塑料版,收银员都穿防护衣,戴面罩和口罩,全副武装。

去银行存纾困金的支票,回家。转了一圈一小时不到,效率算高。主要是路上不堵车,超市不排队,节省了不少时间。

虽然拿药和买菜的地方都在八大道,但这两处都在边缘,八大道腹地没进去。路上行人和车辆都不多，马路两边的车停满了，和车堵人挤的疫情前不能比，但也不再是荒凉如废城的疫情高峰期，活力在一点点恢复。车经过60街时，看到SOMOS检测抗体的帐篷，工作人员比需要测的人多。

根据Bankrate.com的一项新调查，大流行期间，仍有72%的受访者选择自己去超市购物，而非订购和使用送货服务。我就是这72%，从没想过在网上买菜。

调查说，实际上，只有24%的人表示在网上订购商品——其中13%通过本地超市送货服务进行订购，另13%通过AmazonFresh或Instacart等全国性送货服务订购，还有7%的人表示正在使用Blue Apron等新鲜食材餐包服务。

我还是蛮怀疑这个统计的，我知道周围很多朋友都在网上买菜，特别是华人利用微信群买菜，这个还很难归到网购，算是群购吧。在华人里面自己出门买菜，真不算多，大家都怕被感染，再加上前一阵，大多数华人超市都关门了，想出门买也没地方买。

经次一疫，华人超市在我的食物源中，不会再占很大的比重，除了青菜是必须的，其他也没什么是必须的了。

疫情中的纽约流水

5月15日 2020年

今天本是居家令到期的日子，结果又延长到5月28日。天气终于像夏天的样子了，早上还未寒，中午已是闷热，口罩一戴，更闷了。

今天也是进入疫情后最忙的一日，纽大附属医院急诊室门口就经过三次。第一次早上6:15，门口没有一辆救护车；第二次中午11:30，门口五辆救护车；第三次下午4:00，门口两辆救护车。看报道，新增住院人数有略增。

天气好，加上热，很多人在家待不住，街上的人和车明显多了，有些主干道还堵车，一切似乎又回到了疫情前。街道两边的商铺开门的比关门的多，露胳膊露腿的也多。看到年轻人三五成群在街上走，口罩拉到下巴。不仅年轻人口罩拉到下巴，很多人都把口罩拉到下巴，天气热对戴口罩也是挑战。

纽约市长今天宣布纽约市府将斥资5500万为低收入家庭购买74000台空调，其中22000台提供给政府楼住户，并下周开始安装，安装费用全免。另外，450000纽约市民众将获得电费补助金，最高可获得160元。再一次证明了当下社会的结构已经固化，中产要么加把劲挤进上流，要么索性自甘下流，前者人脉财力是保障，后者政府是保障，中产什么保障都没有，羊毛被剪最多的就是中产，中庸之道已不可行。

疫情中的纽约流水

5月16日 2020年

今日又是好日，比昨天还好。昨日虽是好日，略有些热，不如今日之冷暖适宜，不凉不燥。

本不想出门，但江湖救急，整装再发，顺道去逛了下久违的八大道。

车一过60街就开始堵了，要等数个红灯过后才能行一个路口。道中时有双排停的车，更滞车流。

很多店都开了，那些不太像生活必需的店也开了。不可思议的是，一直有人气的店，如龙宝三家饼店、新城饼店、凤城、强记这些在疫情高峰期都曾开门的店，现在都关着。年轻人热爱的奶茶店也开了，最受欢迎的老虎堂奶茶店门口，虽然不像以前那样排队，来买茶的年轻人还是川流不息，还有老外的年轻人也来凑热闹。老虎堂的订单收费改装成机器了，类似自动取款机，刷卡点茶拿号，然后在封得严实的塑料板窗口领茶。我本想趁人少，去买一杯领教下老虎堂的奶茶威风，但看到俩少女在那里按了老半天都搞不定，想想订了后还要等奶茶做好，突然没了耐心，再看到用黑胶布封贴得歪歪扭扭的店面，也没了一饮究竟的兴趣。

水鲜店、超市、菜摊、水果摊、肉铺、杂货店、参茸店、电器店都开了。路边摊的口罩卖$28一盒，几乎是之前的一半价格。物价回落，供应丰富后，抢购潮也退了。曾经拥堵得转个身都不容易的各家店铺，现在店里都没多少人，收银员在那里站着呆望街上行人。

　　本来想买点面包，常去的都关门了，只好去公爵饼店。饼店只容许一人在店里选购，还好买的人不多，等了下就能进店。拿了绿豆粽花生粽、糯米卷、菠萝包、提子方包。付钱时隔着一张桌子，钱放框内递送，面包放盘内有竿拢去，打包后再用竿挑回，全程互不接触。新式付钱购物法，以后定会通行。

　　回家看见楼前的院子花开正艳，甚是养眼，有一丛紫蓝色的花开得更是没心没肺的靓绝。拍照后查了下，原来是杜鹃，太熟悉的名字，却从没见过真容，今天算是对上号了，兴起赋五绝一首：

　　　　咏杜鹃
　　　　夏日风疏柳
　　　　山澄浪影轻
　　　　柴门阴翳处
　　　　妍紫唤天晴

疫情中的纽约流水

5月17日 2020年

气温更低了，天气一样的好，前日华式80度，昨日70度，今日60度。今年会是一个冷夏吗？冷夏和人类活动的减少有关吗？全球变成疫区后，生产停顿，碳排放量减少，温室效应减弱，这些会导致一个冷夏的产生吗？其实夏天如果不热，对农作物的收成会有影响。不过纽约本身也不是农产区，冷夏对纽约应该不会有影响。

周日的街道，空荡荡，人车都比平日少，纽大附属医院急诊室门口的救护车有五辆，不比平日少。昨晚到今天，一直听到救护车的鸣叫，似乎又回到了疫情高峰期。

上海POP EYE炸鸡店门口，人山人海排队买炸鸡的照片在网上漫天飞，我也凑热闹，去家附近的Pop Eye买炸鸡。疫情期间有特价，10块炸鸡$15。吃炸鸡的标配饮料是可乐，家里没可乐，泡了壶正岩肉桂将就，炸鸡外脆里嫩，岩茶醇厚甘爽，倒也相得益彰。

昨日七谭讲的是民国琴人系列之管平湖。来了18个朋友，一些还是新朋友，素有古琴资料库之称的小师弟宇粒也来了，讲座后分享补充了很多琴谱琴史资料。

管先生为人熟知的是他弹的流水，被美国NASA收入向外太空发射的卫星，是收录的所有曲目中唯一全曲收入的，时长超过7分钟。时长仅次于流水的，是贝多芬第九交响乐欢乐颂的一段。

管先生父亲是慈禧欣赏的画家，特地把他从苏州招入宫，不但让他掌管了清廷的画院，还赐住宅和宫女。可惜的是管先生13岁时父亲往生，14岁离家出走，拜入杨时百门下学琴。管先生除学琴外，最主要还是学画，本来以画为志业的他，被发小王世襄劝改琴为志业，在苏州天平山得悟澄和尚传授古指法，在山东济南得道士秦鹤鸣传张孔山之流水。

管先生精神上遥继孔子最欣赏的弟子颜回，孔子曾说颜回"一箪食，一瓢饮，在陋巷，人不堪其忧，回也不改其乐。贤哉，回也"，这句话完全可以套用在管先生身上。新中国建立前，管先生生活困顿到家徒四壁，仅有半碗玉米糊，但为了听蝈蝈的好叫声，愿意花五块大洋买一只将死的蝈蝈，一天一块钱听叫也值。

管先生可能是琴人里面先天条件最不好的，他的灰指甲其实根本弹不了琴，但在他的艰苦磨练下，手指硬是磨出一层硬茧，以至于琴色别有风味。他的琴音，打动了无数人，包括NASA的审评委员会，一致为他破例录入整曲。

为配合节目，我还特制了一首七绝以纪念：

清英流水洗天心

万壑松涛雪月琴

回望姑苏城外寺

平湖玉韵醉风吟

清音：管先生最爱的唐琴。

疫情中的纽约流水

5月18日 2020年

两个月后，换边泊车条例又开始执行了，这可能也意味着返工的人多了，也暗示着市府鼓励复工。

我早就不关注疫情的细节，朋友圈似乎关注疫情消息的也少了很多，这些都是好兆头，至少不像之前那么紧张了，也可以说，大家对这两个月的非常态生活，已经习惯了。

什么都不做，似乎很闲。可时间不够用的焦虑，则每天都有。昨天就没时间练琴，今天练了半小时，练了梧叶舞秋风、梅花三弄、渔樵问答、大胡笳，还练了久违的箫，依然是陈涛老师创作的苏武牧羊和姜夔的疏影。

下午和东京的小崔，塞尔维亚的玮在zoom开了个小会，初步讨论了本周六的节目流程和内容。小崔在东京学能，玮在西班牙学弗朗明哥，他们都曾在七堂学茶，又一起组织过深夜茶堂，她们两个还作为茶人，多次跟我一起主持过茶叙。这周六的七谭又将会是一场别开生面的谈话活动。

疫情中的纽约流水

5月19日 2020年

好天气持续了几日，气温一直在降。暖气也停了，晚上比较冷，为保暖要多穿一件衣服，这令我想起，初夏在纽约上州深山里过夜，还要烧壁炉取暖。

看到一篇以前在华为工作，现在专事斫琴的琴人写的文章，他从专业角度说5G可能是一场骗局：

"大家知道频率越高，就越容易衰减，绕射能力也就越弱。而5G为了更多的可用频率资源，多工作在高频区域。高频信号传播能力很弱，作为最后几十米、几百米的无线宽带接入尚可，但作为移动网络的使用是存在问题的。

"我看很多专家可能还没搞清楚一个基本概念，就是无线网络不等于移动网络，无线通信不等于移动通信。后者要考虑低速或高速移动的人、车如何在网络中清晰平稳地接收信号和切换、漫游。他们经常举例说的一个5G应用场景是无人驾驶，而这恰恰是5G的一个软肋。在高频频段导致信号不稳定的情况下，要依靠一个现有框架下未去中心化的无线网络来实现无人驾驶，基本是在拿绳命开玩笑，开玩笑啊！"

如果5G真像他所说的话，至少还是一个不成熟的技术，离实际运用还差得远。那么问题来了，美国封杀华为，就是因为华为做的5G吗，恐怕没这么简单。而铺天盖地的舆论，似乎就是要大家相信华为是因5G被封杀。

看了三季美第奇,同时在读《美第奇家族》,前者几乎就是戏说,后者历史本身的精彩,远胜过戏剧性的演绎,这也是不管科技怎么发展,没有任何方法能取代文字的传播效率。书中的这段话发人深省,直抵文艺复兴的本质:

"在很多方面,艺术即将成为一种科学。像我们将要看到的一样,晚期的文艺复兴艺术家,像是莱昂纳多·达·芬奇,用自己的艺术去描绘自然和人性的奥秘——刻绘那些纷繁的流水、人体解剖和想象出来的或者发明的更复杂的机械事物。艺术作为知识的一种形式成为科学的基本组成;从一开始,人文主义艺术家视自己为新的事实的发掘者——关于艺术,关于科技,关于人类和世界。"

如果说艺术和科学的结合是文艺复兴的驱动力,那么这个驱动力在此后的西方历史中一直存在,直到印象派的诞生,背后依然是科技的力量。文艺复兴时的科学是人体解剖和机械知识,成就印象派的就是三棱镜和摄像技术为代表的光学原理。当代艺术的尴尬,可能就是缺失了当下的科技力量。如果有人把量子力学结合进艺术,可能又会把艺术带入新境地。至此,我也总算明白,为什么有西方哲学家一直认为达到真理有两条路,一条艺术一条科学,这种思想的发端还是要返溯到文艺复兴时期。

疫情中的纽约流水

5月20日 2020年

今天TAKA给我一块用白纸包得方方正正的"糕",正诧异间,他说这是用普洱茶做的肥皂,没用一点香料。

回家撕开纸,一块淡褐色的"凉糕"跃入眼中,抵进细闻,确有普洱沉郁的香味。这不仅让我想起前日,那壶煮尽的正岩肉桂,舍不得却不得不扔。舍不得的是,茶味尽去后,壶内茶渣浓香依旧,袅袅不绝。弃之可惜,留之无用,沉吟再三,最后还是扔了。如果那时知道可以制皂,就不用叹息仍有余香的茶渣了。

虽然疫情开始稳定,新增死亡人数不断下降,可新冠病毒衍生的灾害正悄悄开始。这些天,有在七堂学琴的学生联系我,要寄卖她们的琴,她们都准备回国了。她们本都有不错的工作,现在都遇到签证问题,不得不回国,有的琴还是刚买的。

昨日Dean告诉我,在切尔西市场旁边的MORIMOTO也结业了,这家日料是纽约唯一一家安藤重雄亲自设计的餐馆。店外几乎拖地的沉重帘幔,在风中飘曳,飘曳中形成的变幻光影,是坐在店内进餐的又一乐趣。这家店也是全球安藤粉丝们来纽约必打卡的地方,以后都消失了。

这家店也是和纽约蓝蓝一起招待丽萍姐的地方,那可能是丽萍姐第一次到纽约,很多年很多年前了,如今新冠病毒不仅让Morimoto走上末路,蓝蓝也成了不归之人。听到这个消息,更增添一份伤感。

这次疫情中，不单单是Morimoto，EM Park这些米其林星店选择结业，全纽约已有211家超人气餐馆永久性关闭，今后不再营业。即使疫情结束了，纽约再也不会是从前的纽约了。

疫情中的纽约流水

5月21日 2020年

街上人车更多，278高速之拥堵堪比疫情之前。

昨日傍晚有友通报，布鲁克林的Costco有厕纸卖了。今天中午赶去，排了近半小时队，进去后看到，原先堆放各种厕纸、抹纸、餐巾纸的地方，空空如也，只有一板餐巾纸孤零零矗立在那儿，一天不到其他纸都售罄了，感到不可思议。以前这里各种品牌堆积如山，现在一卷难求，可能生产真的停了？但这类生产都早已机械化，根本不需要工人一个挨着一个在传送带上装厕纸。

买了父母关照的牛奶、鸡、蛋、蘑菇、黄瓜，自己也买了些水果、蔬菜、鲜鱼。这次买的不多，以后更回归平常了，不需要囤货。在付账时，遇到一奇葩女子，完全不顾后面排队等结账的人，慢吞吞地把一件件货品放传送带上，结完账，慢吞吞地一个个往推车里放，连收银员都看不下去，这种人应该就是在家吃福利的吧。

回家看到一辆大卡车停在路口，卡车的门敞开着，里面堆了大袋大袋的回收塑料空瓶。一个南亚女子带着一个小男孩，正把装成大袋的空瓶往车后搬，一共搬了5大袋。戴鸭舌帽的白人老司机，给每袋都贴一张准备好的粘纸，南亚女子拿着手机和老司机说什么，然后不断查看，没看到老司机给现金，可能钱是在网上转了。老司机戴着外科口罩，南亚女子和小男孩戴着自己做的口罩，似乎是内衣内裤改的。

社会就是不公平，有的人拿福利拿成废人，有的人为生活而带孩子冒风险。这对南亚母子不住在附近，她们是推着一辆邮局装邮件的大口袋车来的。看到母亲一边推车离开，一边还在查手机，小男孩跟在妈妈后面。

　　下午宗子兄找我。他前两日就在找我，我微信问他什么事，他也没答复，我留了手机号，但今天他没打我手机号，用的是微信的语音。接了才恍然大悟，因为骗子电话太猖獗了，我早就把所有陌生电话都屏蔽了，也把宗子兄的陌生电话号码屏蔽了。原来宗子兄读苏轼的破琴诗，有些问题要问，是关于琴筝的问题。首先是琴筝在北宋的形制，其次是筝不如琴的出处，再是瑟和筝的关系区别，这些问题都关系到对苏轼破琴诗的解读。我们聊了有50种分钟，解答了第一第三个问题。第二个问题有些难，弹琴有筝声是古琴的一大忌，古时曾有人擅琴，但被一高官的夫人在门后听了后，说了句琴有筝声，顿时破功，脸面扫地。这个典故读了后，就忘了出处，回家后怎么Google也查不到，只好待哪天撞上了再说。感叹宗子兄是茫茫书海中的柯南，专破文字迷案悬案。

　　郑卫之声被视为靡靡之音、亡国之音，不单单是因为在音律上用到了雅乐不用的商调，还有一个原因是音乐的繁复性，有炫技的嫌疑。上古时的淫是浸透的意思，引申为过度，不节制，有违中和之道，筝和琴比明显在音量上就太过了，这也是苏轼要比筝高看琴的原因之一吧。最后贴一首苏轼的《听杭僧惟贤琴》：

　　　　大弦春温和且平，
　　　　小弦廉折亮以清。
　　　　平生未识宫与角，
　　　　但闻牛鸣盎中雉登木。

门前剥啄谁扣门?
山僧未闲群勿嗔。
归家且觅千斛水,
净洗从前筝笛耳。

疫情中的纽约流水

5月22日 2020年

又是七点,窗外又起一阵敲锅底之声,还有喊叫声,每天都在此时为医疗工作人员鼓劲。今天留意了下时间,4分钟不到。也留意了一下本楼,依然没有反应。我在7点之前,刚练完大胡笳,算是今日鼓劲的前奏或是倡吧。这个倡要念作唱,古文里是领唱的意思,我用大胡笳领唱今日之鼓劲。

说到鼓劲,哈西迪犹太教也是很下功夫。前些日子,忽然听到演讲的声音,探头一看,两辆公交大巴鱼贯而行,公交大巴侧面,被改装成LED电视屏幕,屏幕里一个年迈的拉比在传道。我住的这区不是哈西迪社区,附近的几个社区都不是哈西迪社区,不知道为什么他们要开着宣传车穿街而过。后来一想,可能附近的猫头鹰公园是哈西迪家庭爱去的地方,莫不是去那里宣传而借的道?

昨晚明师说,今天在图书馆的书法网课上,会讲大篆小篆。我处理完手头的事,打开电脑上Webex。Webex的联入非常不方便,联入的链接是一长串的网站地址,如果是手机上微信或电邮里的链接,根本不可能一个个字母输入电脑,不像zoom都是数字化,只要输入数字就可联入。每次Webex的联入都要费一番周折,不方便之极。难怪Zoom的创始人要从Webex跳出来自己创业,其中一个原因就是Webex不听客户的批评意见,这也算是店大欺客吧。明师今天讲毛公鼎和散氏盘在字型风格上的区别,是今天最大的收获。

下午读了点《美第奇家族》,第一次见到皮克·德拉·米兰多拉这个名字，但随即被他的两个论点惊到，一个是"因为没有一个人的观点是他最初希望的那样，也没有一个人的信念是他最初希望的那样"，第二个是"没有科学能为魔法和卡巴拉对基督神性提供证据"。前者比苏格拉底那句名言"了解你自己"更进一步，后者则是奥卡姆剃刀的递进。其实不是第一次见到这个名字，艾科在《福科摆》里曾提到他。但当时读后，一点印象没有。

疫情中的纽约流水

5月23日 2020年

我刚下线。

每周六的七谭线上视频,一般在一个半小时左右,今天进行了近三个小时。这么长时间,和今天请的嘉宾有关,小崔现在东京学能,玮现在塞维利亚学弗拉明戈。这期七谭邀请她们来聊学艺经历。

她们两个和七堂也很有缘,都在七堂跟呗宁学茶,是七堂第一期茶课学员。茶课结业后,我又请她们在每周的茶叙泡茶,然后又请她们主持每周的深夜茶堂,直到她们都离开纽约,各赴前程。

玮以前是纽约一家新创公司的资深数据分析师,爱上弗拉明戈后,不但放弃了高薪,连绿卡的机会也不要了,只身一人远赴塞维利亚学舞。在玮的鼓舞下,法学院即将毕业,被日本能剧深深打动的小崔,也放弃入职律所的offer,只身一人跑到东京,做了某流派能乐师的内弟子。两个奇女子的学艺奇缘,就这么开始,到现在还在进行中。

今天的七谭节目来了18位朋友,好几个都是新朋友。由于我对她们两位比较了解,所以节目以一种访谈的形式进行,分别分享了为什么要大老远跑去发源地学艺、怎么维持学艺期间的生活、学艺老师的情况以及学艺后身心的变化。

和她们谈完后觉得,放下一切之后的学艺,把她们自己整个过滤了一遍，一些看似需要其实不必要的欲望都滤去了，比如逛街买衣服，比如对周围评价的在意，都变得不重要，也不关心了，生活变得单纯也更充实，身心在每日的修习中更合一。

弗拉明戈和能，极其不同的文化和历史，两者间却有惊人的一致性，都是向死而生，情绪表达上的审美以及舞姿所依据的原则，都一样。艺术相通是一句被说烂的话，但看到极其不同的环境和文化中，深植的审美意识竟是如此一致，真是一件不可思议，又理所当然的事。

疫情中的纽约流水

5月24日 2020年

又睡了一觉，刚起，睡了差不多三个小时。早上很早起，去宾州的磐石公园。逛完回到家，才下午两点，困意难敌，睡了一觉。

去磐石公园路上约一个半小时，途经法国镇。法国镇在新州和宾州的交界处，德拉瓦河静静流过。法国镇是除了Cap May之外，见过最多维多利亚式建筑的小镇。小镇小而精致，店也有特色，非他处常见。还有一个陶器店，可以在店里制陶。小镇居民的情调和风趣还表现在，他们给TD银行门前的一匹马像戴上口罩，口罩上写"We Not Me"。小镇上的几家餐馆已经营业，当然没有堂吃，只有外卖，排队购买的人不少，大家都戴口罩。

离开法国镇，跨过德拉瓦河，溯河北上，转进山里不久，就到磐石公园。不大的停车场，几乎停满了车。没想到这么早，竟然已经有这么多人来了。

沿林荫间的土路，来到一个乱石堆满的谷底，叮叮咚咚的敲击声，此起彼伏。神奇的大自然，是怎么让这个泥山环绕的谷底，突然堆出这么多大大小小的乱石，像静止的惊涛骇浪。

踏石浪而行，人们手拿铁锤，边踏边敲，几乎每块石头上，都被敲出一滩白点。一些断石的截面，呈现黑色。想来，这里堆的石头都含铁质，所以敲石如敲铁，音色和音高都不一样。

离磐石谷不远，有一处不高的断崖，山水流过，形成瀑布。水量很小，瀑布也很小，流水的潺潺声很大。这些山上的水，沿着山间石缝而流，流过横亘的断树，流过滚落的碎石，一流到底，流过断崖，流入谷底，流成涧水。

离开磐石谷时，看到入口路边，也停满了车，庆幸早到，不然找地方停车都成问题。出谷时，看到一群有些年纪的彪形大汉迎面而来，黑衫黑裤，铜钉闪亮，都没戴口罩，飞车党也来磐石看瀑。

回到纽约后，去华埠转了一圈。Canal街的店都关着，空荡荡。转入Mott街，很多店依然关着门，一些餐馆开了，有名的大旺门口，站着很多人。几家卖礼品的老店也开了，Bayard街靠公园那头封路，似乎在搞一个大工程。不可思议的是，街面上的店开门的不多，但街两边都停满了车。一直有传言，华埠的地下赌场，就在附近这些楼里面，看来似乎是真的。在美心买了些粽子，上曼哈顿桥回家。

疫情中的纽约流水

5月25日 2020年

今天才是国殇节，但似乎大家昨天就把节过了，晚上还听到放炮和放烟火的声音。

早上出了个门很快就回家，下午视频会议，讨论今后几期的七谭策划。中午吃了一条昨天在美心买的嘉兴肉粽，一碗冷冻荠菜鲜馄饨。肉粽的米饭非常好吃，又糯又入味，不干不濡，真是嘉兴肉粽的味道，唯一可以挑剔的就是肉太小块了，带点肥会更好。荠菜馄饨是冷冻食品，也就吃个意思吧，跟现包的馄饨不能比。

昨天，纽约时报头板刊载了这次疫情中过世的名单，一共1000人，代表美国10万个被新冠病毒吞噬的生命。这场没有硝烟的战争，其残酷性丝毫不亚于任何一场真正炮火轰鸣的战争。国殇节本是纪念老兵的战争，似乎以此纪念在疫情中死去的亡灵不太妥，但在这场没有硝烟的战争过后，我们每个人都是老兵了。

从疫情开始不久后，打算每天记录一下在非常时期遇到的非常事，今天已经是记录的第80天了。我没有写日记的习惯，人也是极其懒散的一个人，竟然连续记录了80天，比方方的60天还多了20天，从数字上来说也该到一个收尾的节点。更关键的是，随着对新冠病毒越发了解，人类与病毒共存成了唯一选择，我们以为的非常态，比如出门戴口罩戴手套、保持社交距离、在家办公、不去餐馆进餐、不去电影院看电影等，在这80天里已经彻底变了。人们已经养成了新的生活习惯,以前的非常态都已经成为新的常态。

疫情中的流水,本意就是记录这种转变,当新常态日益在生活中稳固,人们习惯于这种变化之后,记录变化的流水就失去意义了。正好国殇节,又是一个天赐的纪念节点,就让今年的这个国殇节,给疫情中的流水划上句号吧。

刚看到王渝姐的新诗,用来结束真是太完美了:

终于夏天了

　　王渝

带酒气的笑声

落自树叶

落自云端

落自更高更高的七重天

永远的欢乐

飞进每个人

即使一小片

也要珍藏

树枝倾身抚摸我的短发

正在啄食的麻雀紧追我

我不得不放慢脚步

舍不得倏忽间的失散

远方白云耽迷嬉戏

顽皮地抛出飞吻

长长一串

绽开成满天晚霞

依在风的怀里

让温柔环抱

我终于触摸到了

非常开心地牵起了夏天的手

2020-05-25 写于新冠病毒肆虐的纽约

纽约的夏天

5月30日 2020年

天气热了,夏天终于迟迟而来。天气真好,阳光把一切都照得通体明亮,连背阴处的杂草都熠熠发光。周六的街道是安静的,没有顽童的喧哗,也没有汽车的奔流,只有风在树叶中穿梭的沙沙声。

离开安静的湾脊,上278,融进北上的车流,一路流到唐人街。曼哈顿桥下的菜果摊多了两摊,买菜的人三三两两,各挑所需。豆苗2磅$4,上海菜心2磅$2,富士苹果一箱$9,水晶梨一箱$11。难得来一次唐人街,买买买,瞬间把后车厢铺满了。

东百老汇上,除了超市、药房、餐馆、肉铺,其他店都没开门。行人不多,停在路边的车不少,四周空荡荡。来到36号,楼下德昌肉食已开门做生意,门口立块小黑板,上写"牛尾$6.00"。

上到二楼,开门,走廊空地突然出现一堆建筑材料。隔壁的律师事务所,拆空了。几个工人关着门工作,电锯声震耳欲聋。

房东麦克前两日带电工来,进了七堂搞了些事情。早上小胡说,看到软件显示,七堂的门这些天一直开着。

在七堂门口,旋了下门把,没动,再旋,没动。顿时明白,麦克走时把门反锁了。解锁,入内,开灯,一切都和上次来一样,查看茶器琴具,都在。麦克走时,提醒门锁电池快耗尽了。把带来的新电池换上，原来的电池插回充电器充电。

接水，开始烧。从架上取下白茶茶罐，取一片从茶饼上剔下的白茶，放入白瓷盖碗。水很快开了，将滚水缓缓注入碗底，合盖，闷。茶量小，茶叶紧实，水多，需慢闷。

我的第一张伏羲琴留在了空间，给学生们上课用。很久没来空间，琴面覆了一层薄灰，拨了下，一、三、五弦走音。调完弦，弹一曲梧叶舞秋风，边弹边叹，吓死人的疫情，岂不是秋风？

一曲弹完，揭盖看，汤色正好，香气四溢。用兔毫建盏接了，啜饮而尽，神清气畅。取箫，练了苏武牧羊。空间的箫，管径略粗，抵下颚的位置不易固定，口锋需随时调整，不易吹。今日算顺利，箫声出音正，箫管有振动。

在空间玩了半日，隔壁装修，杂音不断，却不影响兴致。看时日不早，锁门下楼。

逛进楼下的肉铺，里面人不多，东西非常丰富，十分新鲜。最近肉紧张，既然来了，就买点龙尾骨煮汤，母亲要鸡爪，去做糟鸡爪。

回到家，搬诸吃物入屋，SpaceX的载人火箭刚发射。

纽约的夏天

6月1日 2020年

本不想写什么了，2020年注定是既不平凡也不平安的一年，今晚11点纽约宵禁，在纽约近30年，第一次遇到宵禁。

骚乱比病毒危害更大，病毒损害的是健康，带来的后果是停滞；而骚乱带来的是文明倒退，人心昏乱，其破坏性远甚于病毒。骚乱的乌合之众是创造不了任何价值的，创造的只会是灾难，破坏一切的灾难，呈现人性最阴暗的那部分。

人性中的阴暗，很难不受诱惑，给一点机会就会爆发。所谓的"破窗效应"就是如此，有人打碎一块车窗，过不了多久，整辆车就会被破坏殆尽，Antifa就是第一个敲碎车玻璃窗的人，如果政府和媒体对其指控是真的话。

美国人最大的优点，是不信政府；美国人最大的缺点，是太相信媒体。当今社会，无节制的海量信息，造成甄别真伪的困难。我已经养成了习惯，对违反常识的离奇事件不采信；对煽情的事件，多留一个心眼，看有没有对冲的信息出来。

人的行动基于判断，判断基于信息，信息的真伪深刻影响行为的后果。这也是言论自由、新闻自由之所以重要，但也恰恰这一点最难。

各种言论自由背后是各种价值观和意识形态，无论是价值观还是意识形态都是不可调和的，都是可以作诛心之论的。以心意为基准的论断，往往如歧路亡羊一样，最后要寻找的公义，都会迷失于途。所以以行为后果为基准的法治才重要，法治只针对行为结果，不针对动机。任何犯法，无论动机好坏都要受到惩罚，不问心意只问结果，这才是社会能做到的公义，任何以意识形态为依据的法治，最后只能造成社会混乱、系统崩溃。文革就是最好的例子。

这些日子，一方面私人经营的航天事业进入成熟期，这是科技和体制的力量使然；一方面是打砸抢进入高潮，遍布全美，这是人性和体制的缺陷。科技的进步能改变物质世界，但对体制的改变能力有限，对人性的改变则无可能。科技的发达，更使做伪的手段越来越高明，对于本来就没有什么话语权、信息有限的民众，愚民和操纵民意更容易，成本也更低。

以上这段起草于昨天，修改于今日。今日的宵禁提前到了晚上8:00，又是各类谣言满天飞的一天。

当各类信息泥沙俱下的时候，要保持独立思考，不要被信息左右，一切以常识和良知为基准。有正信的人以信仰为准绳，不要被情绪蛊惑，不要被利益诱惑，行所当行，言所当言，一切以心安处为是。

世上本来就没有乌托邦，也没有桃花源，上帝和魔鬼同在的世界，要学会既能和上帝，也能和魔鬼共处的技巧和智慧，这两者其实一直就住在每个人心里，从人类诞生起，从来没有离开过，直到人类灭亡，都不会离开。

纽约的夏天

6月7日 2020年

今日本来约了登山，临故取消，跟昨日一样，整日居家。

跟昨日又不同，今日悠闲得多。看了两个关于国乐的视频，一个是原央音院长王次炤的《中国传统音乐审美特征》，一个是央音教授张伯瑜的《浅说中国传统音乐乐理的若干问题》。前者使我对国乐的结构和虚的表现又加深了印象；后者解决了对旋宫转调的疑问。所谓之字调，为字调的所指，以及民间对工尺谱的润唱等等，令人耳目一新，对乐律及其产生的历史的了解更进一步，也终于搞清了清变在五声音中的命名规律，难怪当年师旷说清角是郑声。当然看了后，依然有不解之处，或举例和理论有不一致的地方，更增疑惑的也有，特别是关于审美上的。

下午练琴，读古文常用字，不觉已是昏天暗地。

昨日连赶三场视谈会。第一场噬书蛮，老友们数月未见，在家抗疫，都非常健康，这次网上相见，分外眼热。视谈会题目是胡适在现代中国的意义，源起罗胖的《胡适百年孤独》，引起舫哥要谈一下胡适的念头，我自是奋勇响应，遂成此会。会上，傅铿兄对自由主义的源头和演变做了一个回顾，仁秋兄指出胡适最大的贡献是提倡白话文，从此改变了整个中国。会后我的感想是胡适的"但为风气不为师"的洒脱，和要自由不要主义。

第二场视谈会是邱馆主持的法拉盛图书馆人文讲座，邀我讲一期关于日本，于是有了《我眼中的日本》，讲我的观察，也就是我十多年前写的《格子的日本》，这次更系统。

第三场是七堂的七谭线上节目，这次由年轻的中医实践者立涛讲中医。这次讲稿也是我们和立涛反反复复修改后定的，加上临场发挥好，效果不错。这场视谈会，结合新冠病毒案例，以及对双黄连、莲花清温中成药的批判，把最基本的医理讲得非常透彻。

纽约的夏天

6月12日 2020年

今天经过纽大附属医院的急诊室，竟然停了8辆各种各样的救护车，比疫情高峰期还多，纽约难道就此要进入第二波吗？一想到此，有些惴惴不安。

看到好多人在转一篇《永嘉路100年》，没想到在这条路出生上学，来来回回不知走了多少趟的马路，竟然也100年了！

永嘉路承载了太多少年的回忆。弄堂附近有一棵梧桐树，开叉的地方正好有个树洞，我曾在这个树洞里藏了写短了的铅笔、不再锋利的卷笔刀、作业本做的刮片、橡皮筋等等，埋在松松软软的木屑堆里。放学回家经过，时不时会爬上树看看这些"宝物"还在不在。

冬天，天气好时，永嘉路的梧桐树之间，总有人会缠上绳子，晒被子。夏天晚上，永嘉路的上街沿被躺椅竹凳排满，大家在这里吃西瓜，喝百合绿豆汤，打大怪路子，嘎三湖，吃饱喝足玩尽兴，夜也更深了，有些贪凉的男男女女，就这么躺椅当床，或搬几个方凳长凳排成床睡了。

弄堂对面就是菜场，不大；右面转角是米店，米店前一片空地，是弄堂小孩的游乐场，在这里玩扮夜猫猫、跳房子、木头人、斗鸡，每天翻花头，怎么好玩怎么来。

永嘉路现在有多洋气，以前就有多烟火气。变了的永嘉路，好看是好看了，不好玩了，马路上不好玩了。

今天想到，不写下这些，永嘉路的前世就真没人知道了。

纽约的夏天

6月23日 2020年

野外摘来的野蔷薇、小黄花都在三天后谢了，唯有野菊花和红火球生命力顽强，坚持到今日。

今日已是第九日，较高枝的野菊花花瓣彻底瘫下来了。低枝的夜菊花一半瘫了，一半还在撑着，时日也已不多。而一开始就显娇嫩的红火球，依然红红火火，冻龄少女。生命就是这么奇怪，越是看上去柔弱的，越是坚强。

自6月22日周一复工后，纽约已经完全恢复了常态。高速公路上又是拥堵不堪，唐人街的车位又难找了。车位难找的唐人街，并没有因车位难找而重回繁华，反而大部分的店面依然铁门紧闭。常去的好望角餐馆，竟然已经是人去屋空，门上写着粗粗的RENT（出租），卖煎水饺的津津锅贴也关着，不知道店主大姐还会不会来。七堂楼下隔壁卖电子烟的也歇业了。

跟房东麦克约了今天搬家，从2B搬到2A，原来的空间要彻底翻修。

到空间时小胡已在。泡了壶老白茶，给粥面馆打电话，订了三拼（烧排骨、烤鸭、火肉）、一个云吞面、一个北菇菜心面，一边喝茶一边闲聊。时间差不多时，去粥面馆取了外卖，回空间吃。吃完搬家，把2B的所有东西都搬到了2A。2A原是律师事务所，疫情发生后，据麦克讲，华人经理卷款跑路了，东西都没搬走，还是麦克清理的。七堂不管怎么讲，还是生存下来了，在房东的好意和慷慨下。禁不住为自己当初的歪打正着得意，在唐人街租屋，和华人房东打交道，是考虑再三的结果，现在一切应验当初选择还算正确。

搬完回家已近六点，想起好几日没练琴了，手痒心痒，噼噼啪啪一路练下来，又有了新的体会，指下似更有余韵了，和音之间的表现力似有增加。

最近这一期，七谭讲柏木寮留学日本的事，竟然把以前的另外两位老友老李和老赵都找到了，读过我书的朋友，肯定知道他们两位。都近20年没见了。

黑胶唱片

代跋

在纽约住久的华人都知道德昌肉铺，知道七堂空间的不多。七堂空间在东百老汇德昌的楼上，那里有台复古的黑胶唱机，只有三个人知道，这台唱机是我扔的。

复古唱机和黑胶唱片的原主人是七堂空间艺术总监呗宁。两年前，呗宁离开纽约，唱机和唱片都没带走。可能伤感于主人之离弃，唱机不久就抑郁而亡，当然也可能是过劳死。想过修，拖了好一阵，最后还是扔了。黑胶唱片，没扔。

又过了好一阵，想再买一台，和技术总监小胡商量，比较来比较去，踌躇间，疫情来，七堂空间关。花道、古琴、书法、国画，一众课程中止。本来谈好和一个法餐厨师合作的雅宴，票卖出一半，也不得不腰斩。买唱机的事，不再提起。

去年五月，房东装修，全部物件搬去隔壁房间。八月装修完，又搬回。整理、重新布置后，扔了一大堆杂物。沉甸甸的黑胶唱片，舍不得扔。

今年疫苗出来后，打疫苗的人越来越多。病毒变异，人心依旧惶惶。纽约直到现在（2021年3月13日），每天仍有六千多新增病例。世界在不确定中前行，S空间，不知何日才能重开。

惴惴度日中，有一件事，变得越来越确定。呗宁留下的唱片，得再唱起来。

在亚马逊订了台Victrola唱机，商品条目下，三万多条留评，四星半。同机型，有四十多种款式，选了一款薄荷绿。

第二天，订的唱机送到。拆开，是一个小巧的手提箱，很轻。去七堂空间取了呗宁留下的唱片，径直回家，开机，放唱片，挂针，唱片旋转起来，音质比预期的好。

以前，上海老家也有一台唱机，也是手提箱，比Victrola要厚实很多，绿得沉郁，正经得有些呆，很符合当时革命的审美。唱片是薄膜的，薄得透明，颜色也鲜艳，像那个年代的糖纸，闪闪发亮。薄膜唱片很小，一张摊开的春卷皮大，比黑胶唱片小很多，薄很多。那是物质匮乏年代，娱乐一把的终极配置。在电视机还没流行前，除了收音机，电唱机是老百姓家里仅有的娱乐。每次放唱片都小心翼翼，怕唱针划破薄膜，怕唱片留下划痕，怕再没唱片可听。

父母买了些唱片，除了民歌，还有东方歌舞团翻唱的外国歌曲。老歌曲里，现在记得的只有周璇。那些翻唱唱片里，有朱明瑛的非洲民谣，她唱的"伊呀呀哦叻哦"，现在想起，依然洗脑。印象最深的，是《大丈夫宣言》，翻唱自佐田雅志的《关白宣言》。歌里要求老婆不能比自己早睡，也不能比自己晚起，还要求老婆不能比自己早死，哪怕晚一天都好。这种大男子的话，对一个在弄堂里长大的少年而言，实在新鲜。我记忆里，弄堂里外的男人，对女人总是唯唯诺诺。每有夫妇或正在谈恋爱的男女来家里，我总会让他们听这一首，看他们的反应。他们大多都没什么反应，最多哈哈笑两声，让我的期待落空。还是日本男人比较有男子汉气概，歌里这个可恨的大男子丈夫，也有可爱之处，他恳求老婆在他死的时候，在他手心里滴至少两颗泪，这样，他的人生一世就完美了。日本男人在老婆面前，纸老虎一只，嘴硬心虚。不像上海男人在女人面前，嘴软，心也软，小心翼翼看脸色，生怕女人不高兴。

说到放唱片，我可谓"专业"，家里有唱机之前，我曾天天放唱片。小学三年级，被叫去学校的广播站，"上级"交待我，以后放唱片的事，我管。那时的小学，每天早上放国歌、广播体操一次，上午第三节课，下午第二节课放眼保健操各一次，一天进出广播站三次，任务还挺繁重。高我两级的学长，教我唱针要找唱片的第二圈，这样唱针一落，旋律即起，不浪费空转时间。那段时间，每次上岗执行任务时，都如临大考，屏气凝神，就着唱片上的微弱反光，找第二圈。所幸，直到毕业都没发生重大现场"翻车"事故，事故的苗头，早消灭于一圈又一圈的找圈中。在那个政治高压的年代，任何播放失误，都可能上纲上线到反革命反领袖。怕失误，更怕辜负，年少的我，手眼却老成，一路无惊无险到毕业。

呗宁留下的唱片，没有国歌、民歌，更不会有广播体操、眼保健操、革命歌曲样板戏。三十年代上海滩的老歌有一些，古琴琵琶也有几张，还有日本的雅乐、诗吟和尺八，当然少不了西洋古典乐，如巴赫、贝多芬之类。

在这些曲目繁多的唱片里，听下来，还是老歌更有感觉。这些老歌里，有白光，有李香兰，有吴莺音。特别是吴莺音的歌，温婉清丽，柔中带韧，端的是靓如莺啼。古人说，丝不如竹，竹不如肉，咿咿呀呀的肉声，熨平了岁月的皱褶。时间，摸起来不再硌手。

可不硌手只是一瞬的感觉。那个什么都缺的年代，买个电唱机，不但要钱，还要凭票，有票还不一定买得到。现在听歌都用智能手机，不要票，只要钱。无论票和钱，都硌手。电唱机，以及后来取而代之的录音机、随身听、MP3、iPod都曾风靡一时，又都被时代淘汰。大浪淘沙，无论是被淘汰了的沙子，还是留下的沙子，都硌手。

时代在变，流行在变，人心在变。不变的是，世事艰难。以前怕唱片被划坏，怕被打成反革命，此时怕被新冠病毒传染。怕的对象内容在变，怕的情绪不会变，同样不变的，还有希望。

人总是在艰难中，怕并怀抱着希望前行。从几十万年前我们的祖先从非洲走出来开始，一直到现在登上月球火星，人类的每一步都是怕并满怀着希望，我们自身的每一步又何尝不是如此。

让人不自由了一年的疫情，终将过去，疫情前的自由终将归来，就像一度被淘汰的黑胶唱片，又回到人们的客厅，又咿咿呀呀地抚慰心灵，滋养生命。

冲一杯武夷山天心村的大红袍，在氤氲岩香中，在春日烂漫的西窗下，再听一遍吴莺音的《春光无限好》。

作者

12/22/2021